대한민국 법령 시리즈 52

대부업 등의 등록 및 금융 이용자 보호에 관한 법률
(약칭 : 대부업법)

법령
시행령

해광출판사

머리말

이 책은 방대한 법전을 보지 않고 간편하게 해당되는 법령만 참고해서 볼 수 있도록 하였습니다. 공공기관이나 관련 종사자들이 쉽고 간편하게 해당 법령을 참조 할 수 있도록 하였습니다.

특히 해당법률은 물론 관련 시행령을 함께 실어 관련법을 서로 참고할 수 있게 하였습니다.

법률이라는 것이 크든 작든 항상 변하는 관계로, 출간 이후의 정확하고 최신의 법률은 법제처 국가법령정보센터에서 확인이 가능하니 법률의 실제 적용 시 확인이 필요한 점 유의하기를 바랍니다.

편집부

* 수록 법률은 법제처 국가법령정보센터에서 확인 가능합니다.
* 발행일 기준 시행 법률이므로 최신 법령은 위 센터에서 볼 수 있습니다.
* 본 책자에 수록된 법률의 문구에 대하여 법적인 효력은 없으며,
  실제 적용 법률은 위 센터에서 최신의 법률로 확인하시기 바랍니다.
* 해당 법령과 함께 시행령, 시행규칙도 수록되어 있습니다.
* 발행일 기준으로 개정 예정 법률은 밑줄로 별도 표시되어 있으며,
  보다 정확한 것은 법제처에서 확인하기 바랍니다.

목차

대부업 등의 등록 및 금융 이용자 보호에 관한 법률 (약칭 : 대부업법)

[시행 2025. 7. 22.] [법률 제20714호, 2025. 1. 21., 일부개정]

**개정 예정 법률 밑줄 별도 표시.

대부업 등의 등록 및 금융이용자 보호에 관한 법률 (약칭 : 대부업법)

[시행 2025. 7. 22.] [법률 제20714호, 2025. 1. 21., 일부개정]

제1조(목적) 이 법은 대부업ㆍ대부중개업의 등록 및 감독에 필요한 사항을 정하고 대부업자와 여신금융기관의 불법적 채권추심행위 및 이자율 등을 규제함으로써 대부업의 건전한 발전을 도모하는 한편, 금융이용자를 보호하고 국민의 경제생활 안정에 이바지함을 목적으로 한다.

[전문개정 2009. 1. 21.]

제2조(정의) 이 법에서 사용하는 용어의 뜻은 다음과 같다. 〈개정 2015. 7. 24., 2025. 1. 21.〉

1. "대부업"이란 이익을 얻을 목적으로 계속적이거나 반복적으로 금전을 대부(어음할인ㆍ양도담보, 그 밖에 이와 비슷한 방법을 통한 금전의 교부를 포함한다. 이하 "대부"라 한다)하는 것을 업(業)으로 하거나, 이익을 얻을 목적으로 계속적이거나 반복적으로 다음 각 목의 어느 하나에 해당하는 자로부터 대부계약에 따른 채권을 양도받아 이를 추심(이하 "대부채권매입추심"이라 한다)하는 것을 업으로

하는 것을 말한다. 다만, 대부의 성격 등을 고려하여 대통령령으로 정하는 경우는 제외한다.

가. 제3조에 따라 대부업의 등록을 한 자(이하 "대부업자"라 한다)

나. 여신금융기관

2. "대부중개업"이란 이익을 얻을 목적으로 계속적이거나 반복적으로 금전의 대부를 실질적으로 알선하거나 중개하는 것을 업으로 하는 것을 말한다.

3. "대부중개업자"란 제3조에 따라 대부중개업의 등록을 한 자를 말한다.

4. "여신금융기관"이란 대통령령으로 정하는 법령에 따라 인가 또는 허가 등을 받아 대부업을 하는 금융기관을 말한다.

5. "대주주"란 다음 각 목의 어느 하나에 해당하는 주주를 말한다.

가. 최대주주: 대부업자 또는 대부중개업자(이하 "대부업자등"이라 한다)의 의결권 있는 발행주식 총수 또는 출자지분을 기준으로 본인 및 그와 대통령령으로 정하는 특수한 관계에 있는 자(이하 "특수관계인"이라 한다)가 누구의 명의로 하든지 자기의 계산으로 소유하는 주식 또는 출자지분을 합하여 그 수가 가장 많은 경우의 그 본인

나. 주요주주: 다음의 어느 하나에 해당하는 자

1) 누구의 명의로 하든지 자기의 계산으로 대부업자등의 의결권 있는 발행주식 총수 또는 출자지분의 100분의 10 이상의 주식 또는 출자지분을 소유하는 자

2) 임원의 임면 등의 방법으로 대부업자등의 주요 경영사항

에 대하여 사실상의 영향력을 행사하는 주주 또는 출자자로서 대통령령으로 정하는 자

6. "자기자본"이란 납입자본금 · 자본잉여금 및 이익잉여금 등의 합계액으로서 대통령령으로 정하는 금액을 말한다.

7. "불법사금융업자"란 제3조에 따른 대부업의 등록 또는 제3조의2에 따른 등록갱신을 하지 아니하고 사실상 대부업을 영위하는 자를 말한다.

8. "불법사금융중개업자"란 제3조에 따른 대부중개업의 등록 또는 제3조의2에 따른 등록갱신을 하지 아니하고 사실상 대부중개업을 영위하는 자를 말한다.

[전문개정 2009. 1. 21.]

제3조(등록 등) ① 대부업 또는 대부중개업(이하 "대부업등" 이라 한다)을 하려는 자(여신금융기관은 제외한다)는 영업소별로 해당 영업소를 관할하는 특별시장 · 광역시장 · 특별자치시장 · 도지사 또는 특별자치도지사(이하 "시 · 도지사"라 한다)에게 등록하여야 한다. 다만, 여신금융기관과 위탁계약 등을 맺고 대부중개업을 하는 자(그 대부중개업을 하는 자가 법인인 경우 그 법인과 직접 위탁계약 등을 맺고 대부를 받으려는 자를 모집하는 개인을 포함하며, 이하 "대출모집인"이라 한다)는 해당 위탁계약 범위에서는 그러하지 아니하다. 〈개정 2012. 12. 11.〉

② 제1항에도 불구하고 대부업등을 하려는 자(여신금융기관은 제외한다)로서 다음 각 호의 어느 하나에 해당하는 자는 금융위원회에 등록하여야 한다. 다만, 대출모집인은 해당 위탁계약 범위에서는 그러하

지 아니하다. 〈신설 2015. 7. 24., 2020. 12. 29., 2025. 1. 21.〉

1. 둘 이상의 특별시·광역시·특별자치시·도·특별자치도(이하 “시·도”라 한다)에서 영업소를 설치하려는 자

2. 대부채권매입추심을 업으로 하려는 자

3. 「독점규제 및 공정거래에 관한 법률」 제31조에 따라 지정된 상호출자제한기업집단에 속하는 자

4. 최대주주가 여신금융기관인 자

5. 법인으로서 자산규모 100억원을 초과하는 범위에서 대통령령으로 정하는 기준에 해당하는 자

6. 전자적 장치·시스템 등을 통한 대통령령으로 정하는 방식(이하 “대부중개시스템”이라 한다)을 활용하여 대부중개업을 하려는 자

7. 그 밖에 제1호부터 제5호까지의 규정에 준하는 등 대통령령으로 정하는 자

③ 제1항 또는 제2항에 따른 등록을 하려는 자는 다음 각 호의 사항을 적은 신청서와 대통령령으로 정하는 서류를 첨부하여 시·도지사 또는 금융위원회(이하 “시·도지사등”이라 한다)에 제출하여야 한다. 〈개정 2010. 1. 25., 2011. 4. 12., 2012. 12. 11., 2015. 7. 24.〉

1. 명칭 또는 성명과 주소

2. 등록신청인이 법인인 경우에는 주주 또는 출자자(대통령령으로 정하는 기준 이하의 주식 또는 출자지분을 소유하는 자는 제외한다)의 명칭 또는 성명, 주소와 그 지분율 및 임원의 성명과 주소

3. 등록신청인이 영업소의 업무를 총괄하는 사용인(이하 “업무총

괄 사용인"이라 한다)을 두는 경우에는 업무총괄 사용인의 성명과 주소

4. 영업소의 명칭 및 소재지

4의2. 삭제 〈2015. 7. 24.〉

5. 경영하려는 대부업등의 구체적 내용 및 방법

6. 제9조제2항 또는 제3항에 따른 표시 또는 광고에 사용되는 전화번호(홈페이지가 있으면 그 주소를 포함한다)

7. 자기자본(법인이 아닌 경우에는 순자산액)

8. 제11조의4제2항에 따른 보증금, 보험 또는 공제

④ 제3항에 따라 등록신청을 받은 시·도지사등은 신청인이 제3조의5의 요건을 갖춘 경우에는 다음 각 호의 사항을 확인한 후 등록부에 제3항 각 호에 규정된 사항과 등록일자·등록번호를 적고 지체 없이 신청인에게 등록증을 교부하여야 한다. 〈개정 2012. 12. 11., 2015. 7. 24.〉

1. 신청서에 적힌 사항이 사실과 부합하는지 여부. 이 경우 신청서에 적힌 사항이 사실과 다르면 30일 이내의 기한을 정하여 등록증 교부 전에 신청인에게 신청서의 수정·보완을 요청할 수 있으며, 그 수정·보완 기간은 처리기간에 산입하지 아니한다.

2. 사용하려는 상호가 해당 시·도 또는 금융위원회에 이미 등록된 상호인지 여부. 이 경우 이미 등록된 상호이면 다른 상호를 사용할 것을 요청할 수 있다.

3. 삭제 〈2015. 7. 24.〉

4. 삭제 〈2015. 7. 24.〉

⑤ 시·도지사등은 제4항에 따른 등록부를 일반인이 열람할 수 있도록 하여야 한다. 다만, 등록부 중 개인에 관한 사항으로서 공개될 경우 개인의 사생활을 침해할 우려가 있는 것으로 대통령령으로 정하는 사항은 제외한다. 〈개정 2015. 7. 24.〉

⑥ 제1항 또는 제2항에 따른 등록의 유효기간은 등록일부터 3년으로 한다. 〈개정 2015. 7. 24.〉

⑦ 대부업자등이 제4항 및 제3조의2에 따라 교부받은 등록증을 분실한 경우에는 시·도지사등에게 분실신고를 하고 등록증을 다시 교부받아야 한다. 〈개정 2015. 7. 24.〉

⑧ 제1항부터 제7항까지의 규정에 따른 등록 등의 구체적 절차는 대통령령으로 정한다. 〈개정 2015. 7. 24.〉

[전문개정 2009. 1. 21.]

제3조의2(등록갱신) ① 대부업자등이 제3조제6항에 따른 등록유효기간 이후에도 계속하여 대부업등을 하려는 경우에는 시·도지사등에게 유효기간 만료일 3개월 전부터 1개월 전까지 등록갱신을 신청하여야 한다. 〈개정 2015. 7. 24.〉

② 제1항에 따른 등록갱신신청을 받은 시·도지사등은 신청인이 제3조의5의 요건을 갖춘 경우에는 제3조제4항제1호의 사항을 확인한 후 등록부에 제3조제3항 각 호에 규정된 사항과 등록갱신일자·등록번호를 적고 지체 없이 신청인에게 등록증을 교부하여야 한다. 〈개정 2012. 12. 11., 2015. 7. 24.〉

③ 제1항에 따른 등록갱신과 관련하여 시·도지사등은 유효기간 만료일 3개월 전까지 해당 대부업자등에게 갱신절차와 기간 내에

갱신을 신청하지 아니하면 유효기간이 만료된다는 사실을 알려야 한다. 〈개정 2015. 7. 24.〉

④ 제1항 및 제2항에 따른 등록갱신의 구체적 절차 등은 대통령령으로 정한다. 〈개정 2015. 7. 24.〉

[본조신설 2009. 1. 21.]

제3조의3(등록증의 반납 등) ① 제5조제2항에 따라 폐업하거나 제13조제2항에 따라 등록이 취소된 대부업자등은 지체 없이 시ㆍ도지사등에게 등록증을 반납하여야 한다. 〈개정 2015. 7. 24.〉

② 제13조제1항에 따라 영업정지 명령을 받은 대부업자등은 등록증을 반납하여야 하고, 시ㆍ도지사등은 그 영업정지기간 동안 이를 보관하여야 한다. 〈개정 2015. 7. 24.〉

③ 제1항 및 제2항에 따라 등록증을 반납하여야 하는 대부업자등은 등록증을 분실한 경우 제3조제7항에 따라 분실신고를 하여야 한다. 〈개정 2015. 7. 24.〉

[본조신설 2009. 1. 21.]

제3조의4(대부업등의 교육) ① 제3조제1항 또는 제2항에 따라 대부업등의 등록을 하려는 자, 제3조의2제1항에 따라 대부업등의 등록갱신을 신청하려는 자 및 제5조제1항에 따라 대표자 또는 업무총괄 사용인에 대한 변경등록을 하려는 자는 미리 대부업등의 준수사항 등에 관한 교육을 받아야 한다. 다만, 대통령령으로 정하는 부득이한 사유로 미리 교육을 받을 수 없는 경우에는 대부업등의 등록, 등록갱신 또는 변경등록 후 대통령령으로 정하는 기간 내에 교육을 받을 수 있다. 〈개정 2012. 12. 11., 2015. 7. 24.〉

② 제1항에 따른 교육의 실시기관, 대상, 내용, 방법 및 절차 등에 관하여 필요한 사항은 대통령령으로 정한다.

[본조신설 2009. 1. 21.]

제3조의5(등록요건 등) ① 제3조제1항에 따라 등록하려는 자는 다음 각 호의 요건을 갖추어야 하며 등록기간 중 각 호의 요건을 유지하여야 한다. 〈개정 2025. 1. 21.〉

1. 다음 각 목에 따른 금액 이상의 자기자본(법인이 아닌 경우에는 순자산액)을 갖출 것

가. 대부중개업만을 하려는 자: 3천만원 이상으로서 대통령령으로 정하는 금액

나. 그 외의 자: 1억원 이상으로서 대통령령으로 정하는 금액

2. 제3조의4에 따른 대부업등의 교육을 이수할 것. 다만, 제3조의4제1항 단서에 따라 등록 후 교육을 받는 경우에는 등록 후 교육을 이수할 것

3. 대부업등을 위하여 대통령령으로 정하는 고정사업장, 인력과 전산설비 등을 갖출 것

4. 대표자, 임원, 업무총괄 사용인이 제4조제1항에 적합할 것

5. 등록신청인이 법인인 경우에는 다음 각 목의 요건을 충족할 것

가. 최근 5년간 제4조제1항제6호 각 목의 규정을 위반하여 벌금형 이상을 선고받은 사실이 없을 것

나. 파산선고를 받고 복권되지 아니한 사실이 없을 것

다. 최근 3년간 제5조제2항에 따라 폐업한 사실이 없을 것(둘

이상의 영업소를 설치한 경우에는 영업소 전부를 폐업한 경우를 말한다)

라. 최근 5년간 제13조제2항에 따라 등록취소 처분을 받은 사실이나 제5조제2항에 따라 폐업하지 아니하였다면 등록취소 처분을 받았을 상당한 사유가 없을 것

② 제3조제2항에 따라 등록하려는 자는 다음 각 호의 요건을 갖추어야 하며 등록기간 중 각 호의 요건을 유지하여야 한다. 〈개정 2025. 1. 21.〉

1. 신청인이 법인일 것

2. 다음 각 목에 따른 금액 이상의 자기자본을 갖출 것

가. 제3조제2항제6호에 따라 등록하려는 자: 1억원 이상으로서 대통령령으로 정하는 금액

나. 가목 이외에 대부중개업만을 하려는 자: 3천만원 이상으로서 대통령령으로 정하는 금액

다. 그 외의 자: 3억원 이상으로서 대통령령으로 정하는 금액

3. 제1항제2호, 제3호, 제5호의 요건을 갖출 것

4. 임원, 업무총괄 사용인이 제4조제1항에 적합할 것

5. 「전기통신사업법」에 따른 전기통신사업자, 「사행산업통합감독위원회법」에 따른 사행산업 등 이해상충 가능성이 있거나 대부업 이용자의 권익 및 신용질서를 저해할 우려가 있는 업종으로서 대통령령으로 정하는 업을 하지 아니할 것

6. 대주주(최대주주가 법인인 경우에는 그 법인의 주요경영사항에 대하여 사실상 영향력을 행사하고 있는 주주로서 대통령령으로 정하

는 자를 포함한다)가 대통령령으로 정하는 사회적 신용을 갖출 것

7. 그 밖에 대통령령으로 정하는 사회적 신용을 갖출 것

[본조신설 2015. 7. 24.]

제4조(임원 등의 자격) ① 다음 각 호의 어느 하나에 해당하는 자는 대부업자등의 대표자, 임원 또는 업무총괄 사용인이 될 수 없다. 다만, 업무총괄 사용인의 경우에는 제1호부터 제6호까지의 어느 하나에 해당하는 경우로 한정한다. 〈개정 2009. 4. 1., 2010. 1. 25., 2012. 12. 11., 2015. 3. 11., 2015. 7. 24., 2025. 1. 21.〉

1. 미성년자 · 피성년후견인 또는 피한정후견인

2. 파산선고를 받고 복권되지 아니한 자

3. 금고 이상의 실형을 선고받고 그 집행이 끝나거나(집행이 끝난 것으로 보는 경우를 포함한다) 면제된 날부터 5년이 지나지 아니한 자

4. 금고 이상의 형의 집행유예를 선고받고 그 유예기간 중에 있는 자

5. 금고 이상의 형의 선고유예를 받고 그 유예기간 중에 있는 자

6. 다음 각 목의 어느 하나에 해당하는 규정을 위반하여 벌금형을 선고받고 5년이 지나지 아니한 자

가. 이 법의 규정

나. 「형법」 제257조제1항, 제260조제1항, 제276조제1항, 제283조제1항, 제319조, 제350조 또는 제366조(각각 채권추심과 관련된 경우만 해당한다)

다. 「폭력행위 등 처벌에 관한 법률」의 규정(채권추심과 관련된

경우만 해당한다)

라. 「신용정보의 이용 및 보호에 관한 법률」 제50조제1항부터 제3항까지의 규정

마. 「채권의 공정한 추심에 관한 법률」의 규정

바. 「개인정보 보호법」 제71조, 제72조 또는 제73조

6의2. 제5조제2항에 따라 폐업한 날부터 3년이 지나지 아니한 자(둘 이상의 영업소를 설치한 경우에는 등록된 영업소 전부를 폐업한 경우를 말한다)

7. 제13조제2항에 따라 등록취소 처분을 받은 후 5년이 지나지 아니한 자 또는 제5조제2항에 따라 폐업하지 아니하였다면 등록취소 처분을 받았을 상당한 사유가 있는 경우에는 폐업 후 5년이 지나지 아니한 자(등록취소 처분을 받은 자 또는 등록취소 처분을 받았을 상당한 사유가 있는 자가 법인인 경우에는 그 취소 사유 또는 등록취소 처분을 받았을 상당한 사유의 발생에 직접 책임이 있는 임원을 포함한다)

8. 대통령령으로 정하는 금융관련 법령(이하 "금융관련법령"이라 한다)을 위반하여 벌금 이상의 형을 선고받고 그 집행이 끝나거나(집행이 끝난 것으로 보는 경우를 포함한다) 집행이 면제된 날부터 5년이 지나지 아니한 자

9. 금융관련법령에 따라 영업의 허가·인가·등록 등이 취소된 법인 또는 회사의 임직원이었던 자(그 취소사유의 발생에 관하여 직접 또는 이에 상응하는 책임이 있는 자로서 대통령령으로 정하는 자에 한정한다)로서 그 법인 또는 회사에 대한 취소가 있은 날부터 5년이

경과되지 아니한 자

10. 이 법 또는 금융관련법령에 따라 해임되거나 면직된 날부터 5년이 지나지 아니한 자

11. 재임 또는 재직 중이었더라면 이 법 또는 금융관련법령에 따라 해임요구 또는 면직요구의 조치를 받았을 것으로 통보된 퇴임한 임원 또는 퇴직한 직원으로서 그 통보된 날부터 5년(통보된 날부터 5년이 퇴임 또는 퇴직한 날부터 7년을 초과하는 경우에는 퇴임 또는 퇴직한 날부터 7년으로 한다)이 경과되지 아니한 자

② 대부업자등의 대표자 또는 업무총괄 사용인은 다른 대부업자등의 대표자 또는 업무총괄 사용인을 겸할 수 없다. 〈개정 2025. 1. 21.〉

③ 임원 또는 업무총괄 사용인이 된 후에 제1항 각 호 또는 제2항에 해당하게 된 경우에는 그 직을 잃는다. 〈신설 2015. 7. 24., 2025. 1. 21.〉

[전문개정 2009. 1. 21.]

[제목개정 2015. 7. 24.]

제5조(변경등록 등) ① 대부업자등은 제3조제3항 각 호의 기재사항이 변경된 경우에는 그 사유가 발생한 날부터 15일 이내에 대통령령으로 정하는 바에 따라 변경된 내용을 시·도지사등에게 변경등록하여야 한다. 다만, 대통령령으로 정하는 경미한 사항이 변경된 경우는 제외한다. 〈개정 2015. 7. 24.〉

② 대부업자등이 폐업할 때에는 대통령령으로 정하는 바에 따라 시·도지사등에게 신고하여야 한다. 〈개정 2015. 7. 24.〉

③ 제1항 및 제2항에 따른 변경등록 및 폐업신고와 관련한 세부적인 사항은 대통령령으로 정한다. 〈개정 2015. 7. 24.〉

[전문개정 2009. 1. 21.]

제5조의2(상호 등) ① 대부업자(대부중개업을 겸영하는 대부업자를 포함한다)는 그 상호 중에 “대부”라는 문자를 사용하여야 한다.

② 대부중개업만을 하는 대부중개업자는 그 상호 중에 “대부중개”라는 문자를 사용하여야 한다.

③ 대부업등 외의 다른 영업을 겸영하는 대부업자등으로서 총영업수익 중 대부업등에서 생기는 영업수익의 비율 등을 고려하여 대통령령으로 정하는 기준에 해당하는 자는 제1항 및 제2항에도 불구하고 그 상호 중에 “대부” 및 “대부중개”라는 문자를 사용하지 아니할 수 있다.

④ 이 법에 따른 대부업자등이 아닌 자는 그 상호 중에 대부, 대부중개 또는 이와 유사한 상호를 사용하지 못한다. 〈신설 2015. 7. 24.〉

⑤ 누구든지 다음 각 호의 행위를 하여서는 아니 된다. 〈개정 2025. 1. 21.〉

1. 대부업자등이 타인에게 자기의 명의로 대부업등을 하게 하는 행위

2. 대부업자등의 등록증을 양도·양수·대여·유통하는 행위

[전문개정 2009. 1. 21.]

제5조의3(업무총괄 사용인 등) ① 대부업자등은 영업소마다 업무총괄 사용인을 두어야 한다. 다만, 등록신청인이 개인인 경우로서 단일 영업소를 두고 있는 경우에는 업무총괄 사용인을 두지 아니할

수 있다.

② 업무총괄 사용인의 업무범위 등에 관한 세부적인 사항은 대통령령으로 정한다.

[본조신설 2012. 12. 11.]

제6조(대부계약의 체결 등) ① 대부업자가 그의 거래상대방과 대부계약을 체결하는 경우에는 거래상대방이 본인임을 확인하고 다음 각 호의 사항이 적힌 대부계약서를 거래상대방에게 교부하여야 한다. 〈개정 2010. 1. 25., 2014. 1. 1., 2017. 4. 18.〉

1. 대부업자(그 영업소를 포함한다) 및 거래상대방의 명칭 또는 성명 및 주소 또는 소재지

2. 계약일자

3. 대부금액

3의2. 제8조제1항에 따른 최고이자율

4. 대부이자율(제8조제2항에 따른 이자율의 세부내역 및 연 이자율로 환산한 것을 포함한다)

5. 변제기간 및 변제방법

6. 제5호의 변제방법이 계좌이체 방식인 경우에는 변제를 받기 위한 대부업자 명의의 계좌번호

7. 해당 거래에 관한 모든 부대비용

8. 손해배상액 또는 강제집행에 관한 약정이 있는 경우에는 그 내용

9. 보증계약을 체결한 경우에는 그 내용

10. 채무의 조기상환수수료율 등 조기상환조건

11. 연체이자율

12. 그 밖에 대부업자의 거래상대방을 보호하기 위하여 필요한 사항으로서 대통령령으로 정하는 사항

② 대부업자는 제1항에 따라 대부계약을 체결하는 경우에는 거래상대방에게 제1항 각 호의 사항을 모두 설명하여야 한다.

③ 대부업자가 대부계약과 관련하여 보증계약을 체결하는 경우에는 다음 각 호의 사항이 적힌 보증계약서 및 제1항에 따른 대부계약서 사본을 보증인에게 교부하여야 한다.

1. 대부업자(그 영업소를 포함한다)·주채무자 및 보증인의 명칭 또는 성명 및 주소 또는 소재지

2. 계약일자

3. 보증기간

4. 피보증채무의 금액

5. 보증의 범위

6. 보증인이 주채무자와 연대하여 채무를 부담하는 경우에는 그 내용

7. 그 밖에 보증인을 보호하기 위하여 필요한 사항으로서 대통령령으로 정하는 사항

④ 대부업자는 대부계약과 관련하여 보증계약을 체결하는 경우에는 보증인에게 제3항 각 호의 사항을 모두 설명하여야 한다.

⑤ 대부업자는 제1항에 따른 대부계약을 체결하거나 제3항에 따른 보증계약을 체결한 경우에는 그 계약서와 대통령령으로 정하는 계약관계서류(대부업자의 거래상대방 또는 보증인이 채무를 변제하

고 계약서 및 계약관계서류의 반환을 서면으로 요구함에 따라 이를 반환한 경우에는 그 사본 및 반환요구서를 말한다. 이하 같다)를 대부계약 또는 보증계약을 체결한 날부터 채무변제일 이후 2년이 되는 날까지 보관하여야 한다.

⑥ 대부계약 또는 그와 관련된 보증계약을 체결한 자 또는 그 대리인은 대부업자에게 그 계약서와 대통령령으로 정하는 계약관계서류의 열람을 요구하거나 채무 및 보증채무와 관련된 증명서의 발급을 요구할 수 있다. 이 경우 대부업자는 정당한 사유 없이 이를 거부하여서는 아니 된다. 〈개정 2014. 3. 18.〉

[전문개정 2009. 1. 21.]

제6조의2(중요 사항의 자필 기재) ① 대부업자는 그의 거래상대방과 대부계약을 체결하는 경우에는 다음 각 호의 사항을 그 거래상대방이 자필로 기재하게 하여야 한다.

1. 제6조제1항제3호의 대부금액
2. 제6조제1항제4호의 대부이자율
3. 제6조제1항제5호의 변제기간
4. 그 밖에 대부업자의 거래상대방을 보호하기 위하여 필요한 사항으로서 대통령령으로 정하는 사항

② 대부업자는 대부계약과 관련하여 보증계약을 체결하는 경우에는 다음 각 호의 사항을 그 보증인이 자필로 기재하게 하여야 한다.

1. 제6조제3항제3호의 보증기간
2. 제6조제3항제4호의 피보증채무의 금액
3. 제6조제3항제5호의 보증의 범위

4. 그 밖에 보증인을 보호하기 위하여 필요한 사항으로서 대통령령으로 정하는 사항

③ 대부계약 또는 이와 관련된 보증계약을 체결할 때 다음 각 호의 어느 하나에 해당하는 경우에는 대부업자는 제1항 각 호의 사항 또는 제2항 각 호의 사항을 거래상대방 또는 보증인이 자필로 기재하게 한 것으로 본다. 〈개정 2020. 6. 9.〉

1. 「전자서명법」 제2조제6호에 따른 인증서(서명자의 실지명의를 확인할 수 있는 것을 말한다)를 이용하여 거래상대방 또는 보증인이 본인인지 여부를 확인하고, 인터넷을 이용하여 제1항 각 호의 사항 또는 제2항 각 호의 사항을 거래상대방 또는 보증인이 직접 입력하게 하는 경우

2. 그 밖에 거래상대방 또는 보증인이 본인인지 여부 및 제1항 각 호의 사항 또는 제2항 각 호의 사항에 대한 거래상대방 또는 보증인의 동의 의사를 음성 녹음 등 대통령령으로 정하는 방법으로 확인하는 경우

[본조신설 2009. 1. 21.]

제7조(과잉 대부의 금지) ① 대부업자는 대부계약을 체결하려는 경우에는 미리 거래상대방으로부터 그 소득·재산 및 부채상황에 관한 것으로서 대통령령으로 정하는 증명서류를 제출받아 그 거래상대방의 소득·재산 및 부채상황을 파악하여야 한다. 다만, 대부금액이 대통령령으로 정하는 금액 이하인 경우에는 그러하지 아니하다.

② 대부업자는 거래상대방의 소득·재산·부채상황·신용 및 변제계획 등을 고려하여 객관적인 변제능력을 초과하는 대부계약을 체결

하여서는 아니 된다.

③ 대부업자는 제1항에 따른 서류를 거래상대방의 소득·재산 및 부채상황을 파악하기 위한 용도 외의 목적으로 사용하여서는 아니 된다.

[전문개정 2009. 1. 21.]

제7조의2(담보제공 확인의무) 대부업자는 대부계약을 체결하고자 하는 자가 제3자의 명의로 된 담보를 제공하는 경우 그 제3자에게 담보제공 여부를 확인하여야 한다.

[본조신설 2010. 1. 25.]

제7조의3(총자산한도) ① 금융위원회에 등록한 대부업자는 총자산이 자기자본의 10배의 범위에서 대통령령으로 정하는 배수(이하 "총자산한도"라 한다)에 해당하는 금액을 초과해서는 아니 된다.

② 총자산한도의 산정기준 등 세부적인 사항은 대통령령으로 정한다.

[본조신설 2015. 7. 24.]

제8조(대부업자의 이자율 제한) ① 대부업자가 개인이나 「중소기업기본법」 제2조제2항에 따른 소기업(小企業)에 해당하는 법인에 대부를 하는 경우 그 이자율은 연 100분의 27.9 이하의 범위에서 대통령령으로 정하는 율을 초과할 수 없다.

② 제1항에 따른 이자율을 산정할 때 사례금, 할인금, 수수료, 공제금, 연체이자, 체당금(替當金) 등 그 명칭이 무엇이든 대부와 관련하여 대부업자가 받는 것은 모두 이자로 본다. 다만, 해당 거래의 체결과 변제에 관한 부대비용으로서 대통령령으로 정한 사항은 그러하지 아니하다.

③ 대부업자가 개인이나 「중소기업기본법」 제2조제2항에 따른 소기업(小企業)에 해당하는 법인에 대부를 하는 경우 대통령령으로 정하는 율을 초과하여 대부금에 대한 연체이자를 받을 수 없다. 〈신설 2018. 12. 24.〉

④ 대부업자가 제1항을 위반하여 대부계약을 체결한 경우 제1항에 따른 이자율을 초과하는 부분에 대한 이자계약은 무효로 한다. 〈개정 2018. 12. 24.〉

⑤ 채무자가 대부업자에게 제1항과 제3항에 따른 이자율을 초과하는 이자를 지급한 경우 그 초과 지급된 이자 상당금액은 원본(元本)에 충당되고, 원본에 충당되고 남은 금액이 있으면 그 반환을 청구할 수 있다. 〈개정 2018. 12. 24.〉

⑥ 대부업자가 선이자를 사전에 공제하는 경우에는 그 공제액을 제외하고 채무자가 실제로 받은 금액을 원본으로 하여 제1항에 따른 이자율을 산정한다. 〈개정 2018. 12. 24.〉

[본조신설 2016. 3. 3.]

제8조의2(대부계약의 효력) ① 다음 각 호의 어느 하나에 해당하는 경우 그 대부계약은 무효로 한다. 이 경우 대부업자, 불법사금융업자또는 여신금융기관(이하 이 조에서 “대부제공자”라 한다)은 제8조, 제11조 및 제15조에도 불구하고 거래상대방에게 그 원본의 반환 및 이자의 변제를 청구하지 못하며, 거래상대방이 대부제공자에게 이미 지급한 원본과 이자가 있으면 이를 반환하여야 한다.

1. 대부계약 과정에서 대부제공자가 다음 각 목의 어느 하나의 행위를 거래상대방에게 하거나 거래상대방이 하도록 요구하는 경우

가. 성적 욕망 또는 수치심을 유발할 수 있는 촬영물·영상물·음성물 또는 그 편집물·합성물·가공물 및 복제물을 요구·수집·제공·유통하는 행위

나. 인신매매, 신체의 상해 또는 포기, 장기기증, 강제취업, 강제노동 등 개인의 신체와 자유를 심각하게 침해하거나 기타 사회질서에 반하는 행위를 요구하는 행위

2. 폭행·협박·체포·감금·위계·위력을 사용하거나 채무자의 궁박, 경솔 또는 무경험을 이용하여 부당하게 체결된 대부계약으로서 대부계약의 내용이 거래상대방에게 현저하게 불리한 경우

3. 대부계약에 「채권의 공정한 추심에 관한 법률」 제8조의3, 제9조, 제10조 및 제12조에 위배되는 내용을 포함한 경우

4. 제6조제1항제4호에 따른 대부이자율이 제8조제1항에 따른 최고이자율의 3배 이상으로서 대통령령으로 정하는 율을 초과하는 내용으로 체결된 경우

② 다음 각 호의 어느 하나에 해당하는 사유가 있는 경우 대부제공자의 거래상대방은 대부계약을 취소할 수 있다.

1. 이 법에 따른 여신금융기관 또는 대부업자등의 자격을 사칭하여 대부계약을 체결한 경우

2. 대부업자 또는 불법사금융업자가 제6조제1항 또는 제3항에 따른 대부계약서 또는 보증계약서를 거래상대방에게 교부하지 아니한 경우. 다만, 다른 법령에 따라 대부계약서 또는 보증계약서의 교부가 면제 또는 대체 가능한 경우는 제외한다.

3. 대부계약서 또는 보증계약서에 제6조의2제1항 각 호 또는 제2

항 각 호의 사항이 실제와 달리 허위로 기재된 경우

[본조신설 2025. 1. 21.]

제9조(대부조건의 게시와 광고) ① 대부업자는 등록증, 대부이자율, 이자계산방법, 변제방법, 연체이자율, 그 밖에 대통령령으로 정하는 중요 사항을 일반인이 알 수 있도록 영업소마다 게시하여야 한다. 〈개정 2010. 1. 25., 2012. 12. 11.〉

② 대부업자가 대부조건 등에 관하여 표시 또는 광고(「표시ㆍ광고의 공정화에 관한 법률」에 따른 표시 또는 광고를 말한다. 이하 "광고"라 한다)를 하는 경우에는 다음 각 호의 사항을 포함하여야 한다. 〈개정 2012. 12. 11., 2017. 4. 18., 2020. 2. 4.〉

1. 명칭 또는 대표자 성명
2. 대부업 등록번호
3. 대부이자율(연 이자율로 환산한 것을 포함한다) 및 연체이자율
4. 이자 외에 추가비용이 있는 경우 그 내용
5. 채무의 조기상환수수료율 등 조기상환조건
6. 과도한 채무의 위험성 및 대부계약과 관련된 신용등급 또는 개인신용평점의 하락 가능성을 알리는 경고문구 및 그 밖에 대부업자의 거래상대방을 보호하기 위하여 필요한 사항으로서 대통령령으로 정하는 사항

③ 대부중개업자가 대부조건 등에 관하여 광고를 하는 경우에는 다음 각 호의 사항을 포함하여야 한다. 〈개정 2012. 12. 11., 2017. 4. 18., 2020. 2. 4.〉

1. 명칭 또는 대표자 성명

2. 대부중개업 등록번호

3. 중개를 통하여 대부를 받을 경우 그 대부이자율(연 이자율로 환산한 것을 포함한다) 및 연체이자율

4. 이자 외에 추가비용이 있는 경우 그 내용

5. 채무의 조기상환수수료율 등 조기상환조건

6. 과도한 채무의 위험성 및 대부계약과 관련된 신용등급 또는 개인신용평점의 하락 가능성을 알리는 경고문구 및 그 밖에 대부중개업자의 거래상대방을 보호하기 위하여 필요한 사항으로서 대통령령으로 정하는 사항

④ 대부업자등은 제2항 또는 제3항에 따라 광고를 하는 경우에는 일반인이 제2항 각 호의 사항 또는 제3항 각 호의 사항을 쉽게 알 수 있도록 대통령령으로 정하는 방식에 따라 광고의 문안과 표기를 하여야 한다.

⑤ 대부업자등은 다음 각 호에 따른 시간에는 「방송법」 제2조제1호에 따른 방송을 이용한 광고를 하여서는 아니 된다. 〈신설 2015. 7. 24.〉

1. 평일: 오전 7시부터 오전 9시까지 및 오후 1시부터 오후 10시까지

2. 토요일과 공휴일: 오전 7시부터 오후 10시까지

[전문개정 2009. 1. 21.]

제9조의2(대부업등에 관한 광고 금지) ① 대부업자 또는 여신금융기관이 아니면 대부업에 관한 광고를 하여서는 아니 된다.

② 대부중개업자 또는 대출모집인이 아니면 대부중개업에 관한 광

고를 하여서는 아니 된다. 〈개정 2012. 12. 11.〉

[전문개정 2009. 1. 21.]

제9조의3(허위·과장 광고의 금지 등) ① 대부업자등은 다음 각 호의 행위를 하여서는 아니 된다.

1. 대부이자율, 대부 또는 대부중개를 받을 수 있는 거래상대방, 대부중개를 통하여 대부할 대부업자, 그 밖에 대부 또는 대부중개의 내용에 관하여 다음 각 목의 방법으로 광고하는 행위

가. 사실과 다르게 광고하거나 사실을 지나치게 부풀리는 방법

나. 사실을 숨기거나 축소하는 방법

다. 비교의 대상 및 기준을 명시하지 아니하거나, 객관적인 근거 없이 자기의 대부 또는 대부중개가 다른 대부업자등의 대부 또는 대부중개보다 유리하다고 주장하는 방법

2. 대부 또는 대부중개를 받을 수 있는 것으로 오인하게 하거나 유인하여 다음 각 목의 방법으로 광고하는 행위

가. 이 법 또는 다른 법률을 위반하는 방법

나. 타인의 재산권을 침해하는 방법

3. 그 밖에 대부업자등의 거래상대방을 보호하거나 불법 거래를 방지하기 위하여 필요한 경우로서 대통령령으로 정하는 광고 행위

② 대부업자등(불법사금융업자·불법사금융중개업자를 포함한다)은 다음 각 호의 표현을 사용하는 광고 행위를 하여서는 아니 된다. 〈신설 2025. 1. 21.〉

1. 정부기관 및 다른 법률에 따라 허가·인가·등록 등을 받은 금융기관으로 오인될 수 있는 표현

2. 서민 등 금융소외계층을 지원하기 위한 상품으로서 금융위원회가 정하여 고시하는 상품으로 오인될 수 있는 표현

③ 시·도지사는 제1항을 위반한 대부업자등에게 제21조에 따라 과태료를 부과한 경우에는 지체 없이 그 내용을 공정거래위원회에 알려야 한다. 〈개정 2025. 1. 21.〉

[본조신설 2009. 1. 21.]

제9조의4(불법사금융업자로부터의 채권양수·추심 금지 등) ① 대부업자는 불법사금융업자로부터 대부계약에 따른 채권을 양도받아 이를 추심하는 행위를 하여서는 아니 된다. 〈개정 2012. 12. 11., 2025. 1. 21.〉

② 대부업자는 불법사금융중개업자로부터 대부중개를 받은 거래상대방에게 대부하여서는 아니 된다. 〈신설 2012. 12. 11., 2025. 1. 21.〉

③ 대부업자 또는 여신금융기관은 제3조제2항제2호에 따라 등록한 대부업자, 여신금융기관 등 대통령령으로 정한 자가 아닌 자에게 대부계약에 따른 채권을 양도해서는 아니 된다. 〈신설 2015. 7. 24.〉

[본조신설 2009. 1. 21.]

[제목개정 2012. 12. 11., 2025. 1. 21.]

제9조의5(고용 제한 등) ① 대부업자등은 다음 각 호의 어느 하나에 해당하는 사람을 고용하여서는 아니 된다. 〈개정 2015. 7. 24., 2025. 1. 21.〉

1. 「폭력행위 등 처벌에 관한 법률」 제4조에 따라 금고 이상의

형을 선고받고 그 집행이 끝나거나(집행이 끝난 것으로 보는 경우를 포함한다) 면제된 날부터 5년이 지나지 아니한 사람

2. 제4조제1항제6호 각 목의 어느 하나에 해당하는 규정을 위반하여 다음 각 목의 어느 하나에 해당하는 사람

가. 금고 이상의 실형을 선고받고 그 집행이 끝나거나(집행이 끝난 것으로 보는 경우를 포함한다) 면제된 날부터 2년이 지나지 아니한 사람

나. 금고 이상의 형의 집행유예 또는 선고유예를 선고받고 그 유예기간 중에 있는 사람

다. 벌금형을 선고받고 2년이 지나지 아니한 사람

3. 다른 대부업자등의 대표자 또는 업무총괄 사용인으로 선임된 자

② 대부업자등은 제1항 각 호의 어느 하나에 해당하는 사람에게 대부업등의 업무를 위임하거나 대리하게 하여서는 아니 된다.

[본조신설 2010. 1. 25.]

제9조의6(불법 대부행위 등에 사용된 전화번호의 이용중지 등) ① 시·도지사 등 대통령령으로 정하는 자는 제9조의2제1항 및 제2항을 위반한 광고나 이 법 또는 「채권의 공정한 추심에 관한 법률」에 따른 처벌 대상이 되는 행위(이하 이 조에서 "불법대부행위등"이라 한다)에 이용된 전화번호를 발견 또는 확인한 때에는 과학기술정보통신부장관에게 해당 불법대부행위등에 이용된 전화번호에 대한 전기통신역무 제공의 중지를 요청할 수 있다. 〈개정 2017. 7. 26., 2025. 1. 21.〉

② 시·도지사등은 제9조제2항부터 제4항까지 또는 제9조의3제1

항을 위반한 광고를 발견한 경우 광고를 한 자에게 기한을 정하여 해당 광고의 중단을 명할 수 있으며, 그 명을 따르지 아니하는 경우에는 과학기술정보통신부장관에게 광고에 사용된 전화번호에 대한 전기통신역무 제공의 중지를 요청할 수 있다. 〈개정 2015. 7. 24., 2017. 7. 26.〉

③ 제1항 또는 제2항에 따른 요청으로 전기통신역무 제공이 중지된 이용자는 전기통신역무 제공의 중지를 요청한 기관에 이의신청을 할 수 있다.

④ 누구든지 불법대부행위등에 이용된 전화번호를 확인한 때에는 시·도지사 등 대통령령으로 정하는 자에게 해당 전화번호를 신고할 수 있다. 〈신설 2025. 1. 21.〉

⑤ 제1항부터 제4항까지에 따른 전화번호의 확인·신고, 이의신청의 절차 등에 필요한 사항은 대통령령으로 정한다. 〈개정 2025. 1. 21.〉

[본조신설 2014. 3. 18.]

[제목개정 2025. 1. 21.]

제9조의7(대부업 이용자 보호기준) ① 금융위원회에 등록한 대부업자등으로서 대통령령으로 정하는 자산규모 이상인 자는 법령을 지키고 거래상대방을 보호하기 위하여 임직원이 그 직무를 수행할 때 따라야 할 기본적인 절차와 기준(이하 "보호기준"이라 한다)을 정하여야 한다.

② 제1항에 따라 보호기준을 정하는 대부업자등은 보호기준을 지키는지를 점검하고, 보호기준을 위반하는 경우 이를 조사하여 감사(監査)하는 자(이하 "보호감시인"이라 한다)를 1명 이상 두어야 한다.

③ 제1항에 따른 대부업자등은 보호감시인을 임면하려면 이사회의 결의를 거쳐야 한다.

④ 보호감시인은 다음 각 호의 요건을 충족한 자이어야 하며, 보호감시인이 된 후 제2호 또는 제3호의 요건을 충족하지 못한 경우에는 그 직을 상실한다. 〈개정 2025. 1. 21.〉

1. 다음 각 목의 어느 하나에 해당하는 경력이 있는 자일 것

가. 한국은행 또는 「금융위원회의 설치 등에 관한 법률」 제38조에 따른 검사 대상 기관(이에 상당하는 외국금융기관을 포함한다)에서 10년 이상 근무한 경력이 있는 자

나. 금융 또는 법학 분야의 석사 이상의 학위소지자로서 연구기관 또는 대학에서 연구원 또는 전임강사 이상의 직에서 5년 이상 근무한 경력이 있는 자

다. 변호사 자격을 가진 자로서 해당 자격과 관련된 업무를 합산하여 5년 이상 종사한 경력이 있는 자

라. 기획재정부, 금융위원회, 「금융위원회의 설치 등에 관한 법률」에 따라 설립된 금융감독원(이하 “금융감독원”이라 한다) 또는 같은 법에 따른 증권선물위원회에서 5년 이상 근무한 경력이 있는 자로서 그 기관에서 퇴임하거나 퇴직한 후 5년이 지난 자

마. 그 밖에 대부업 이용자 보호를 위하여 대통령령으로 정하는 자

2. 제4조제1항 각 호의 어느 하나에 해당되지 아니하는 자일 것

3. 최근 5년간 이 법, 금융관련법령을 위반하여 금융위원회 또는 금융감독원 원장(이하 “금융감독원장”이라 한다)으로부터 주의·경고의 요구 이상에 해당하는 조치를 받은 사실이 없는 자일 것

⑤ 보호기준 및 보호감시인에 관하여 필요한 사항은 대통령령으로 정한다.

[본조신설 2015. 7. 24.]

제9조의8(차별금지) 대부업자는 대부계약을 체결하는 경우에 정당한 사유 없이 성별·학력·장애·사회적 신분 등을 이유로 계약조건에 관하여 거래상대방을 부당하게 차별해서는 아니 된다.

[본조신설 2020. 3. 24.]

제9조의9(대부업 이용자의 개인정보 보호) ① 대부업자는 대부과정에서 수집한 거래상대방의 개인정보를 대부를 제공하기 위한 용도 외의 목적으로 처리하여서는 아니 된다.

② 대부중개업자는 대부중개과정에서 수집한 거래상대방의 개인정보를 대부중개를 하기 위한 용도 외의 목적으로 처리하여서는 아니 된다.

③ 누구든지 대부업 이용자의 정보를 사용 및 관리할 때 범죄에 이용할 목적으로 또는 범죄에 이용될 것을 알면서 대부업 이용자의 개인정보를 제공받거나 제공하는 행위 또는 보관·전달·유통하는 행위를 하여서는 아니 된다.

[본조신설 2025. 1. 21.]

제10조(대주주와의 거래제한 등) ① 제3조제2항제3호에 따라 등록한 대부업자(이하 "상호출자제한기업집단 대부업자"라 한다)가 그 대주주(최대주주의 특수관계인을 포함한다. 이하 이 조에서 같다)에게 제공할 수 있는 대부, 지급보증 또는 자금 지원적 성격의 유가증권의 매입, 그 밖에 금융거래상의 신용위험이 따르는 대부업자의 직접

적·간접적 거래로서 대통령령으로 정하는 것(이하 "신용공여"라 한다)의 합계액은 그 대부업자의 자기자본의 100분의 100을 넘을 수 없으며, 대주주는 그 대부업자로부터 그 한도를 넘겨 신용공여를 받아서는 아니 된다.

② 상호출자제한기업집단 대부업자는 그 대주주에게 대통령령으로 정하는 금액 이상으로 신용공여를 하려는 경우에는 그 사실을 금융위원회에 지체 없이 보고하고, 인터넷 홈페이지 등을 이용하여 공시하여야 한다.

③ 상호출자제한기업집단 대부업자는 추가적인 신용공여를 하지 아니하였음에도 불구하고 자기자본의 변동, 대주주의 변경 등으로 제1항에 따른 한도를 넘게 되는 경우에는 대통령령으로 정하는 기간 이내에 제1항에 따른 한도에 적합하도록 하여야 한다.

④ 제3항에도 불구하고 상호출자제한기업집단 대부업자는 신용공여의 기한 및 규모 등에 따른 부득이한 사유가 있으면 금융위원회의 승인을 받아 그 기간을 연장할 수 있다.

⑤ 제4항에 따른 승인을 받으려는 상호출자제한기업집단 대부업자는 제3항에 따른 기간이 만료되기 3개월 전까지 제1항에 따른 한도에 적합하도록 하기 위한 세부계획서를 금융위원회에 제출하여야 한다.

⑥ 금융위원회는 제5항에 따라 세부계획서를 제출받은 날부터 1개월 이내에 승인 여부를 결정·통보하여야 한다. 다만, 자료보완 등 필요한 경우에는 그 기간을 연장할 수 있다.

⑦ 여신금융기관이 최대주주인 대부업자는 제1항에도 불구하고

그 대주주에게 신용공여를 할 수 없으며, 대주주는 그 대부업자로부터 신용공여를 받아서는 아니 된다.

⑧ 금융위원회는 대부업자 또는 그 대주주가 제1항부터 제7항까지의 규정을 위반한 혐의가 있다고 인정되는 경우에는 대부업자 또는 그 대주주에게 필요한 자료의 제출을 명할 수 있다.

[본조신설 2015. 7. 24.]

제10조의2(채권추심자의 소속ㆍ성명 명시 의무) 대부계약에 따른 채권의 추심을 하는 자는 채무자 또는 그의 관계인에게 그 소속과 성명을 밝혀야 한다.

[본조신설 2009. 1. 21.]

제11조(불법사금융업자와의 계약 효력) ① 불법사금융업자가 대부를 하는 경우 그 대부계약에 따른 이자(제8조제2항에 따라 이자로 보는 것을 포함한다)를 받을 수 없으며, 해당 대부계약의 이자에 관한 약정은 무효로 한다. 이 경우 불법사금융업자에 대해서는 「상법」 제54조 및 제55조를 적용하지 아니한다. 〈신설 2016. 3. 3., 2018. 12. 24., 2025. 1. 21.〉

② 삭제 〈2012. 12. 11.〉

[전문개정 2009. 1. 21.]

[제목개정 2025. 1. 21.]

제11조의2(중개의 제한 등) ① 대부중개업자는 불법사금융업자에게 대부중개를 하거나 불법사금융업자가 대부중개시스템을 이용하게 하여서는 아니 된다. 〈개정 2025. 1. 21.〉

② 대부중개업자 및 대출모집인(이하 "대부중개업자등"이라 한다)

과 불법사금융중개업자는 수수료, 사례금, 착수금 등 그 명칭이 무엇이든 대부중개와 관련하여 받는 대가(이하 "중개수수료"라 한다)를 대부를 받는 거래상대방으로부터 받아서는 아니 된다. 〈개정 2012. 12. 11., 2025. 1. 21.〉

③ 대부업자가 개인이나 대통령령으로 정하는 소규모 법인에 대부하는 경우 대부중개업자등에게 지급하는 중개수수료는 해당 대부금액의 100분의 5의 범위에서 대통령령으로 정하는 율에 해당하는 금액을 초과할 수 없다. 〈신설 2012. 12. 11.〉

④ 여신금융기관이 대부중개업자등에게 중개수수료를 지급하는 경우의 중개수수료 상한에 관하여는 제3항을 준용한다. 〈신설 2012. 12. 11.〉

⑤ 금융위원회는 제4항을 위반하여 중개수수료를 지급한 여신금융기관에 대하여 그 시정을 명할 수 있다. 〈신설 2012. 12. 11.〉

⑥ 대부중개업자등은 대부업자 또는 여신금융기관으로부터 제3항 및 제4항에 따른 금액을 초과하는 중개수수료를 지급받아서는 아니 된다. 〈신설 2012. 12. 11.〉

⑦ 대부중개업자는 대부업 이용자를 보호하기 위하여 대부업 이용시 유의사항 등을 안내하는 방안을 마련하여야 하며, 구체적인 기준·절차 등은 대통령령으로 정한다. 〈신설 2025. 1. 21.〉

[전문개정 2009. 1. 21.]

제11조의3(대부중개를 위탁한 대부업자 또는 여신금융기관의 배상책임) ① 대부업자 또는 여신금융기관은 대부중개업자등이 그 위탁받은 대부중개를 하면서 이 법을 위반하여 거래상대방에게 손해를

발생시킨 경우에는 그 손해를 배상할 책임이 있다. 다만, 대부업자 또는 여신금융기관이 대부중개업자등에게 대부중개를 위탁하면서 상당한 주의를 하였고 이들이 대부중개를 하면서 거래상대방에게 손해를 입히는 것을 막기 위하여 노력한 경우에는 그러하지 아니하다.

② 제1항은 해당 대부중개업자등에 대한 대부업자 또는 여신금융기관의 구상권 행사를 방해하지 아니한다.

[본조신설 2014. 1. 1.]

제11조의4(거래상대방에 대한 배상책임) ① 대부업자등(불법사금융업자·불법사금융중개업자를 포함한다)은 대부업등(사실상 대부업등을 하는 경우를 포함한다)을 하면서 고의 또는 과실로 인한 위법행위로 거래상대방에게 손해를 발생시킨 경우에는 그 손해를 배상할 책임이 있다. 〈개정 2025. 1. 21.〉

② 대부업자등은 업무를 개시하기 전에 제1항에 따른 손해배상책임을 보장하기 위하여 대통령령으로 정하는 바에 따라 보증금을 예탁하거나 보험 또는 공제에 가입하여야 한다.

[본조신설 2015. 7. 24.]

제12조(검사 등) ① 시·도지사등은 대부업자등에게 그 업무 및 업무와 관련된 재산에 관하여 보고하게 하거나 자료의 제출, 그 밖에 필요한 명령을 할 수 있다. 〈개정 2015. 7. 24.〉

② 시·도지사 또는 금융감독원장은 소속 공무원 또는 소속 직원(금융위원회에 등록한 대부업자등에 대한 검사로 한정한다)에게 그 영업소에 출입하여 그 업무 및 업무와 관련된 재산에 관하여 검사하게 할 수 있다. 〈개정 2015. 7. 24.〉

③ 시·도지사는 대부업자등에 대한 전문적인 검사가 필요한 경우로서 대통령령으로 정하는 경우에는 제2항에도 불구하고 금융감독원장에게 대부업자등에 대한 검사를 요청할 수 있다. 〈개정 2015. 7. 24.〉

④ 삭제 〈2015. 7. 24.〉

⑤ 금융감독원장은 제2항 및 제3항에 따른 검사에 필요하다고 인정하면 대부업자등에 대하여 업무 및 업무와 관련된 재산에 관한 보고, 자료의 제출, 관계자의 출석 및 의견의 진술을 요구할 수 있다. 〈개정 2015. 7. 24.〉

⑥ 제2항 및 제3항에 따라 출입·검사를 하는 자는 그 권한을 표시하는 증표를 지니고 이를 관계인에게 내보여야 한다. 〈개정 2015. 7. 24.〉

⑦ 시·도지사등은 제1항부터 제3항까지의 규정에 따른 보고 또는 검사 결과에 따라 필요하면 대부업자등에게 시정명령 등 감독상 필요한 명령을 할 수 있다. 〈개정 2015. 7. 24.〉

⑧ 금융감독원장이 제2항에 따른 검사를 한 경우에는 그 보고서를 금융위원회에 제출하여야 한다. 이 경우 이 법 또는 이 법에 따른 명령이나 처분을 위반한 사실이 있을 때에는 그 처리에 관한 의견서를 첨부하여야 한다. 〈개정 2015. 7. 24.〉

⑨ 대부업자등은 다음 각 호의 구분에 따른 사항을 적은 보고서를 대통령령으로 정하는 기간마다 대통령령으로 정하는 절차와 방법에 따라 관할 시·도지사등에게 제출하여야 한다. 〈개정 2015. 7. 24.〉

1. 대부업자의 경우

가. 대부금액

나. 대부를 받은 거래상대방의 수

다. 그 밖에 영업소의 업무현황을 파악하기 위하여 필요한 사항으로서 대통령령으로 정하는 사항

2. 대부중개업자의 경우

가. 대부를 중개한 금액

나. 대부를 중개한 거래상대방의 수

다. 그 밖에 영업소의 업무현황을 파악하기 위하여 필요한 사항으로서 대통령령으로 정하는 사항

[전문개정 2009. 1. 21.]

제12조의2(위반행위의 신고 및 수사의뢰 등) ① 누구든지 불법사금융업자 또는 불법사금융중개업자가 이 법을 위반한 사실을 알게 된 때에는 그 사실을 금융감독원에 신고할 수 있다.

② 금융감독원은 제1항에 따른 신고가 있거나 이 법을 위반한 혐의가 있다고 인정할 때에는 이용자의 피해 확산을 방지하기 위하여 조사·분석 등 필요한 조치를 할 수 있고, 관할 수사기관에 고발 또는 수사의뢰하거나 필요한 정보를 제공할 수 있다.

[본조신설 2025. 1. 21.]

제13조(영업정지 및 등록취소 등) ① 시·도지사등은 대부업자등이 다음 각 호의 어느 하나에 해당하면 그 대부업자등에게 대통령령으로 정하는 기준에 따라 1년 이내의 기간을 정하여 그 영업의 전부 또는 일부의 정지를 명할 수 있다. 〈개정 2009. 2. 6., 2015. 7.

24., 2016. 3. 3., 2025. 1. 21.〉

1. 별표 1 각 호의 어느 하나에 해당하는 경우, 「채권의 공정한 추심에 관한 법률」 제5조제1항, 제7조, 제8조, 제8조의2부터 제8조의4까지, 제9조, 제10조제1항 및 제11조부터 제13조까지를 위반한 경우

2. 해당 대부업자등의 영업소 중 같은 시 · 도지사에게 등록한 다른 영업소가 영업정지 처분을 받은 경우

② 시 · 도지사등은 대부업자등이 다음 각 호의 어느 하나에 해당하면 그 대부업자등의 등록을 취소할 수 있다. 다만, 제1호에 해당하면 등록을 취소하여야 한다. 〈개정 2010. 1. 25., 2015. 7. 24., 2025. 1. 21.〉

1. 속임수나 그 밖의 부정한 방법으로 제3조 또는 제3조의2에 따른 등록 또는 등록갱신을 한 경우

2. 제3조의5제1항제1호 · 제3호 또는 같은 조 제2항제1호 · 제2호의 요건을 유지하지 아니한 경우. 다만, 일시적으로 요건을 유지하지 못하는 등 대통령령으로 정하는 경우로서 제12조제7항에 따른 시정명령 등 감독상 필요한 명령을 이행한 경우는 제외한다.

2의2. 시 · 도지사에 등록한 대부업자등이 제3조의5제1항제5호가목 또는 나목의 요건을 충족하지 아니한 경우

2의3. 금융위원회에 등록한 대부업자등이 제3조의5제1항제5호가목, 나목 또는 같은 조 제2항제5호 또는 제6호의 요건을 충족하지 아니한 경우

2의4. 시 · 도지사에 등록한 대부업자등의 대표자가 제4조제1항

각 호에 해당하는 경우

3. 6개월 이상 계속하여 영업실적이 없는 경우

4. 제1항에 따른 영업정지 명령을 위반한 경우

5. 제1항에 따라 영업정지 명령을 받고도 그 영업정지 기간 이내에 영업정지 처분 사유를 시정하지 아니하여 동일한 사유로 제1항에 따른 영업정지 처분을 대통령령으로 정하는 횟수 이상 받은 경우

6. 대부업자등의 소재를 확인할 수 없는 경우로서 시·도지사등이 대통령령으로 정하는 바에 따라 소재 확인을 위한 공고를 하고 그 공고일부터 30일이 지날 때까지 그 대부업자등으로부터 통지가 없는 경우

7. 대부업자등이 제1항제1호에 해당하는 경우로서 대부업자등의 거래상대방의 이익을 크게 해칠 우려가 있는 경우

8. 해당 대부업자등의 영업소 중 같은 시·도지사에게 등록한 다른 영업소가 등록취소 처분을 받은 경우

③ 시·도지사등은 제2항에 따른 등록취소를 하려면 다음 각 호의 방법에 따른 의견청취 절차를 거쳐야 한다. 다만, 제2항제6호의 경우에는 그러하지 아니하다. 〈개정 2015. 7. 24.〉

1. 제2항제1호·제3호·제4호·제5호·제7호 및 제8호의 경우: 청문

2. 제2항제2호, 제2호의2부터 제2호의4까지의 경우: 의견제출 기회 부여

④ 제3항에도 불구하고 다음 각 호의 경우에는 의견청취 절차를 거치지 아니할 수 있다. 〈개정 2015. 7. 24.〉

1. 제2항제2호, 제2호의2부터 제2호의4까지에 해당함이 재판 등에 따라 객관적으로 증명된 경우

2. 의견청취가 매우 어렵거나 명백히 불필요하다고 인정되는 상당한 이유가 있는 경우

3. 대부업자등이 의견청취 절차를 거치지 아니하여도 좋다는 의사를 명백히 표시하는 경우

⑤ 시·도지사등은 대부업자등에게 제1항 또는 제2항에 따른 영업정지 또는 등록취소 처분을 하는 경우에는 그 사실을 전산정보처리조직 등을 통하여 다른 시·도지사등에게 지체 없이 알려야 한다. 〈개정 2012. 12. 11., 2015. 7. 24.〉

⑥ 시·도지사등은 대부업자등 또는 그 임직원이 제1항제1호에 해당하는 경우에는 다음 각 호의 어느 하나에 해당하는 조치를 할 수 있다. 〈신설 2015. 7. 24., 2016. 3. 3., 2017. 4. 18., 2022. 1. 4., 2025. 1. 21.〉

1. 대부업자등에 대한 주의·경고 또는 그 임직원에 대한 주의·경고·문책의 요구

2. 임원의 해임 권고 또는 직무정지

3. 직원의 면직 요구

⑦ 시·도지사등은 퇴임·퇴직한 대부업자등의 임직원이 재임·재직 중이었더라면 제6항 각 호에 해당하는 조치를 받았을 것으로 인정되는 경우에는 그 조치의 내용을 해당 대부업자등에게 통보할 수 있다. 〈신설 2015. 7. 24., 2017. 4. 18., 2022. 1. 4.〉

⑧ 제7항에 따른 통보를 받은 대부업자등은 이를 퇴임·퇴직한

해당 임직원에게 통보하고, 그 내용을 기록·유지하여야 한다. 〈신설 2017. 4. 18.〉

[전문개정 2009. 1. 21.]

[제목개정 2015. 7. 24.]

제14조(등록취소 등에 따른 거래의 종결) 다음 각 호의 어느 하나에 해당하는 대부업자등(대부업자등이 개인인 경우에는 그 상속인을 포함한다)은 그 대부업자등이 체결한 대부계약에 따른 거래를 종결하는 범위에서 대부업자등으로 본다. 〈개정 2015. 7. 24.〉

1. 제3조제6항에 따른 등록의 유효기간이 만료된 경우
2. 제5조제2항에 따라 폐업신고를 한 경우
3. 제13조제2항에 따라 등록취소 처분을 받은 경우

[전문개정 2009. 1. 21.]

제14조의2(과징금) ① 금융위원회는 대부업자 또는 그 대주주(최대주주의 특수관계인을 포함한다. 이하 이 조에서 같다)가 다음 각 호의 어느 하나에 해당할 때에는 다음 각 호의 구분에 따라 과징금을 부과할 수 있다. 〈개정 2017. 4. 18.〉

1. 대부업자

가. 상호출자제한기업집단 대부업자가 제10조제1항에 따른 신용공여의 한도를 초과하여 신용공여를 한 경우: 초과한 신용공여 금액 이하

나. 여신금융기관이 최대주주인 대부업자가 제10조제7항을 위반하여 신용공여를 한 경우: 신용공여 금액 이하

2. 대주주

가. 상호출자제한기업집단에 속하는 대주주가 제10조제1항에 따른 신용공여의 한도를 초과하여 신용공여를 받은 경우: 초과한 신용공여 금액 이하

나. 대부업자의 최대주주인 여신금융기관이 제10조제7항을 위반하여 신용공여를 받은 경우: 신용공여 금액 이하

② 금융위원회는 과징금을 부과받은 자(이하 "과징금납부의무자"라 한다)가 납부기한 내에 과징금을 납부하지 아니한 때에는 납부기한의 다음 날부터 납부한 날의 전 날까지의 기간에 대하여 대통령령으로 정하는 가산금을 징수할 수 있다. 이 경우 가산금을 징수하는 기간은 60개월을 초과하지 못한다. 〈개정 2017. 4. 18.〉

③ 금융위원회는 과징금납부의무자가 그 기한까지 납부하지 아니하면 국세 체납처분의 예에 따라 이를 징수할 수 있다.

④ 금융위원회는 대통령령으로 정하는 바에 따라 과징금의 징수 및 체납처분에 관한 업무를 국세청장에게 위탁할 수 있다.

⑤ 과징금 부과기준 및 금액, 징수, 그 밖에 필요한 사항은 대통령령으로 정한다.

[본조신설 2015. 7. 24.]

제14조의3 삭제 〈2023. 9. 14.〉

제14조의4(과징금의 납부기한 연기 및 분할 납부) ① 금융위원회는 과징금납부의무자에 대하여 「행정기본법」 제29조 단서에 따라 과징금 납부기한을 연기하거나 과징금을 분할 납부하게 할 수 있으며, 이 경우 필요하다고 인정하면 담보를 제공하게 할 수 있다.

② 과징금납부의무자는 제1항에 따라 과징금의 납부기한을 연기

받거나 분할 납부를 하려는 경우에는 그 납부기한의 10일 전까지 금융위원회에 신청하여야 한다.

③ 금융위원회는 제1항에 따라 과징금 납부기한이 연기되거나 분할 납부가 허용된 과징금납부의무자가 다음 각 호의 어느 하나에 해당하게 된 때에는 그 납부기한의 연기 또는 분할 납부 결정을 취소하고 과징금을 일시에 징수할 수 있다.

1. 분할 납부하기로 한 과징금을 그 납부기한까지 내지 아니한 경우

2. 담보 제공 요구에 따르지 아니하거나 제공된 담보의 가치를 훼손하는 행위를 한 경우

3. 강제집행, 경매의 개시, 파산선고, 법인의 해산, 국세 강제징수 또는 지방세 체납처분 등의 사유로 과징금의 전부 또는 나머지를 징수할 수 없다고 인정되는 경우

4. 「행정기본법」 제29조 각 호의 사유가 해소되어 과징금을 한꺼번에 납부할 수 있다고 인정되는 경우

5. 그 밖에 제1호부터 제4호까지에 준하는 사유가 있는 경우

④ 제1항부터 제3항까지에서 규정한 사항 외에 과징금의 납부기한 연기 또는 분할 납부 등에 관하여 필요한 사항은 대통령령으로 정한다.

[전문개정 2023. 9. 14.]

제14조의5(과징금 환급가산금) ① 금융위원회는 과징금납부의무자가 이의신청의 재결 또는 법원의 판결 등의 사유로 과징금을 환급하는 경우에는 과징금을 납부한 날부터 환급한 날까지의 기간에 대하여

대통령령으로 정하는 바에 따라 환급가산금을 지급하여야 한다.

② 제1항에도 불구하고 법원의 판결에 의하여 과징금 부과처분이 취소되어 그 판결이유에 따라 새로운 과징금을 부과하는 경우에는 당초 납부한 과징금에서 새로 부과하기로 결정한 과징금을 공제한 나머지 금액에 대해서만 환급가산금을 계산하여 지급한다.

[본조신설 2015. 7. 24.]

제15조(여신금융기관의 이자율의 제한) ① 여신금융기관은 연 100분의 27.9 이하의 범위에서 대통령령으로 정하는 율을 초과하여 대부금에 대한 이자를 받을 수 없다. 〈신설 2016. 3. 3.〉

② 제1항에 따른 이자율을 산정할 때에는 제8조제2항을 준용한다. 〈신설 2016. 3. 3.〉

③ 여신금융기관은 대부자금의 조달비용, 연체금의 관리비용, 연체금액, 연체기간, 금융업의 특성 등을 고려하여 대통령령으로 정하는 율을 초과하여 대부금에 대한 연체이자를 받을 수 없다.

④ 금융위원회는 제1항 및 제3항을 위반하여 이자 및 연체이자를 받는 여신금융기관에 대하여 그 시정을 명할 수 있다.

⑤ 여신금융기관이 제1항 및 제3항에 따른 기준을 초과하여 이자 또는 연체이자를 받은 경우 그 이자계약의 효력 등에 관하여는 제8조제4항부터 제6항까지의 규정을 준용한다. 〈개정 2018. 12. 24.〉

[전문개정 2009. 1. 21.]

[제목개정 2016. 3. 3.]

제15조의2(대부업정책협의회 등의 설치) ① 대부업등 관련 정책을 종합적인 관점에서 일관성 있게 수립·추진하고, 관계 행정기관 간

의 협의가 필요한 사항을 효율적으로 협의·조정하기 위하여 금융위원회에 대부업정책협의회를 둔다.

② 대부업정책협의회는 회의의 효율적 운영을 위하여 대부업정책실무협의회를 둘 수 있다.

③ 대부업등 관련 업무의 효율적 수행과 위법행위의 효과적 예방·단속에 관한 사항을 협의하기 위하여 시·도에 대부업관계기관협의회를 둔다.

④ 제1항에 따른 대부업정책협의회, 제2항에 따른 대부업정책실무협의회 및 제3항에 따른 대부업관계기관협의회의 구성·운영, 그 밖에 필요한 사항은 대통령령으로 정한다.

[본조신설 2009. 1. 21.]

제16조(대부업자의 실태조사 등) ① 시·도지사는 수시로 대통령령으로 정하는 방법 및 절차에 따라 대부업자등의 영업실태를 조사하여야 하며 그 결과를 매년 행정안전부장관 및 금융위원회에 제출하여야 한다. 〈개정 2013. 3. 23., 2014. 11. 19., 2017. 4. 18., 2017. 7. 26.〉

② 행정안전부장관과 금융위원회는 시·도지사, 관계 행정기관 또는 공공단체의 장에게 대부업자등의 현황 파악과 제도 조사를 위하여 필요한 자료의 제공을 요청할 수 있다. 이 경우 시·도지사, 관계 행정기관 또는 공공단체의 장은 특별한 사유가 없으면 이에 협조하여야 한다. 〈개정 2013. 3. 23., 2014. 11. 19., 2017. 4. 18., 2017. 7. 26.〉

③ 행정안전부장관과 금융위원회는 대부업자등의 현황 및 영업실

태 조사결과 등을 대통령령으로 정하는 바에 따라 관보 또는 인터넷 홈페이지 등에 게재하여야 한다. 〈신설 2014. 1. 1., 2014. 11. 19., 2017. 7. 26.〉

[전문개정 2009. 1. 21.]

제16조의2(행정처분 사실 등의 공개) ① 시·도지사등은 금융이용자 보호를 위하여 다음 각 호의 어느 하나에 해당하는 자에 대한 행정처분 또는 시정명령 사실을 공개하여야 한다. 〈개정 2015. 7. 24.〉

1. 최근 5년 이내에 제13조에 따른 영업정지 또는 등록취소 처분을 받은 자

2. 최근 5년 이내에 제15조제4항에 따른 시정명령을 받은 자

② 제1항에 따른 공개의 기준, 내용 및 절차 등에 필요한 사항은 대통령령으로 정한다.

[본조신설 2014. 1. 1.]

제17조(등록수수료 등) ① 제3조에 따른 등록을 하려는 자는 대통령령으로 정하는 바에 따라 수수료를 내야 한다.

② 제12조제2항 및 제3항에 따라 검사를 받는 대부업자등은 대통령령으로 정하는 검사수수료를 시·도지사나 금융감독원장에게 내야 한다. 〈개정 2015. 7. 24.〉

[전문개정 2009. 1. 21.]

제18조(분쟁 조정) ① 시·도지사에게 등록된 대부업자등과 거래상대방 간의 분쟁을 해결하기 위하여 해당 영업소를 관할하는 시·도지사 소속으로 분쟁조정위원회를 둔다. 〈개정 2015. 7. 24.〉

② 시·도지사에게 등록된 대부업자등과 거래상대방은 제1항에

따른 분쟁조정위원회에서 분쟁이 해결되지 아니하는 경우에는 「소비자기본법」 제60조에 따른 소비자분쟁조정위원회에 분쟁 조정을 신청할 수 있다. 〈개정 2015. 7. 24.〉

③ 제1항에 따른 분쟁조정위원회의 구성·운영과 분쟁 조정의 절차·방법 등 분쟁 조정에 관하여 필요한 사항은 대통령령으로 정한다.

④ 금융위원회에 등록된 대부업자등과 거래상대방 간의 분쟁 조정에 관하여는 「금융소비자 보호에 관한 법률」 제33조부터 제43조까지의 규정을 준용한다. 〈신설 2015. 7. 24., 2020. 3. 24.〉

[전문개정 2009. 1. 21.]

제18조의2(대부업 및 대부중개업 협회 설립 등) ① 대부업등의 업무질서를 유지하고, 대부업등의 건전한 발전과 이용자 보호를 위하여 대부업 및 대부중개업 협회(이하 "협회"라 한다)를 설립한다.

② 협회는 법인으로 한다.

③ 협회는 정관으로 정하는 바에 따라 주된 사무소를 두고 필요한 곳에 지회(支會)를 둘 수 있다. 〈개정 2015. 7. 24.〉

④ 협회는 대통령령으로 정하는 바에 따라 주된 사무소의 소재지에서 설립등기를 함으로써 성립한다.

⑤ 이 법에 따른 협회가 아닌 자는 대부업 및 대부중개업 협회 또는 이와 비슷한 명칭을 사용하지 못한다.

[본조신설 2009. 1. 21.]

제18조의3(업무) ①협회는 다음 각 호의 업무를 한다. 〈개정 2016. 3. 3.〉

1. 이 법 또는 관계 법령을 준수하도록 하기 위한 회원에 대한 지도와 권고

2. 대부업등의 이용자 보호를 위한 회원에 대한 업무방식 개선·권고

3. 대부업등의 이용자 민원의 상담·처리

4. 그 밖에 협회의 목적을 달성하기 위하여 대통령령으로 정하는 업무

② 협회는 업무에 관한 규정을 제정·변경하거나 폐지한 경우에는 지체 없이 금융위원회에 이를 보고하여야 한다. 〈신설 2016. 3. 3.〉

[본조신설 2009. 1. 21.]

제18조의4(정관) ① 협회의 정관은 창립총회에서 작성한 후 금융위원회의 인가를 받아야 한다. 이를 변경하려는 경우에도 또한 같다.

② 협회의 정관에는 다음 각 호의 사항이 포함되어야 한다.

1. 목적, 명칭 및 주된 사무소의 소재지

2. 임직원에 관한 사항

3. 임원의 선출에 관한 사항

4. 회원의 권리와 의무에 관한 사항

5. 업무와 그 집행에 관한 사항

6. 회비의 분담과 예산 및 회계에 관한 사항

7. 회의에 관한 사항

8. 그 밖에 협회의 운영에 관한 사항

[본조신설 2009. 1. 21.]

제18조의5(가입 등) ① 대부업자등은 협회에 가입할 수 있다. 다만,

금융위원회에 등록된 대부업자등, 그 밖에 대통령령으로 정하는 자는 협회에 가입하여야 한다. 〈개정 2015. 7. 24.〉

② 협회는 대부업자등이 협회에 가입하려는 경우 정당한 사유 없이 그 가입을 거부하거나 가입에 부당한 조건을 부과하여서는 아니 된다.

③ 협회는 회원에게 정관으로 정하는 바에 따라 회비를 징수할 수 있다.

[본조신설 2009. 1. 21.]

제18조의6(「민법」의 준용) 협회에 대하여 이 법에 특별한 규정이 없으면 「민법」 중 사단법인에 관한 규정을 준용한다.

[본조신설 2009. 1. 21.]

제18조의7(업무의 위탁) ① 이 법에 따른 시ㆍ도지사의 업무의 일부는 대통령령으로 정하는 바에 따라 협회에 위탁할 수 있다.

② 이 법에 따른 금융위원회의 업무의 일부는 대통령령으로 정하는 바에 따라 금융감독원장 또는 협회에 위탁할 수 있다. 〈신설 2015. 7. 24.〉

③ 금융감독원장 및 협회는 제1항 및 제2항에 따라 위탁받은 업무의 처리 결과를 매 분기별로 시ㆍ도지사등에게 보고하여야 한다. 〈개정 2015. 7. 24.〉

[본조신설 2009. 1. 21.]

제18조의8(관계 기관에의 협조 요청) 시ㆍ도지사등은 대부업자등의 관리ㆍ감독 등을 위하여 관계 기관의 사실 확인이 필요하면 해당 기관에 그 확인을 요청할 수 있다. 이 경우 해당 기관은 특별한 사유

가 없으면 사실을 확인하여 통보하여야 한다. 〈개정 2015. 7. 24.〉

[본조신설 2009. 1. 21.]

제18조의9(협회에 대한 검사) ① 협회는 그 업무와 재산상황에 관하여 금융감독원장의 검사를 받아야 한다.

② 금융감독원장은 제1항의 검사를 함에 있어서 필요하다고 인정하는 경우에는 협회에 업무 또는 재산에 관한 보고, 자료의 제출, 증인의 출석, 증언 및 의견의 진술을 요구할 수 있다.

③ 제1항에 따라 검사를 하는 자는 그 권한을 표시하는 증표를 지니고 이를 관계자에게 내보여야 한다.

④ 금융감독원장이 제1항에 따른 검사를 한 경우에는 그 보고서를 금융위원회에 제출하여야 한다. 이 경우 이 법 또는 이 법에 따른 명령이나 처분을 위반한 사실이 있는 때에는 그 처리에 관한 의견서를 첨부하여야 한다.

⑤ 금융위원회는 검사의 방법·절차, 검사결과에 대한 조치기준, 그 밖에 검사업무와 관련하여 필요한 사항을 정하여 고시할 수 있다.

[본조신설 2016. 3. 3.]

제18조의10(협회에 대한 조치) ① 금융위원회는 협회가 별표 2 각 호의 어느 하나에 해당하는 경우에는 다음 각 호의 어느 하나에 해당하는 조치를 할 수 있다.

1. 6개월 이내의 업무의 일부의 정지

2. 위법행위의 시정명령

3. 기관경고

4. 기관주의

5. 그 밖에 위법행위를 시정하거나 방지하기 위하여 필요한 조치로서 대통령령으로 정하는 조치

② 금융위원회는 협회의 임원이 별표 2 각 호의 어느 하나에 해당하는 경우에는 다음 각 호의 어느 하나에 해당하는 조치를 할 수 있다.

1. 해임요구

2. 6개월 이내의 직무정지

3. 문책경고

4. 주의적 경고

5. 주의

6. 그 밖에 위법행위를 시정하거나 방지하기 위하여 필요한 조치로서 대통령령으로 정하는 조치

③ 금융위원회는 협회의 직원이 별표 2 각 호의 어느 하나에 해당하는 경우에는 다음 각 호의 어느 하나에 해당하는 조치를 협회에 요구할 수 있다.

1. 면직

2. 6개월 이내의 정직

3. 감봉

4. 견책

5. 경고

6. 주의

7. 그 밖에 위법행위를 시정하거나 방지하기 위하여 필요한 조치

로서 대통령령으로 정하는 조치

④ 금융위원회는 제2항 또는 제3항에 따라 협회의 임직원에 대하여 조치를 하거나 이를 요구하는 경우 그 임직원에 대하여 관리·감독의 책임이 있는 임직원에 대한 조치를 함께 하거나 이를 요구할 수 있다. 다만, 관리·감독의 책임이 있는 자가 그 임직원의 관리·감독에 상당한 주의를 다한 경우에는 조치를 감면할 수 있다.

⑤ 금융위원회는 다음 각 호의 어느 하나에 해당하는 처분 또는 조치를 하고자 하는 경우에는 청문을 하여야 한다.

1. 제18조의4제1항에 따른 협회의 정관에 대한 인가의 취소

2. 제18조의10제2항 또는 제3항에 따른 협회의 임직원에 대한 해임요구 또는 면직요구

[본조신설 2016. 3. 3.]

제18조의11(처분 등의 기록 및 공시 등) ① 금융위원회는 제18조의10에 따라 처분 또는 조치한 경우에는 그 내용을 기록하고 이를 유지·관리하여야 한다.

② 금융위원회는 협회의 퇴임한 임원 또는 퇴직한 직원이 재임 또는 재직 중이었다면 제18조의10제2항제1호부터 제5호까지 또는 같은 조 제3항제1호부터 제6호까지에 해당하는 조치를 받았을 것으로 인정되는 경우에는 그 받았을 것으로 인정되는 조치의 내용을 금융감독원장으로 하여금 협회에 통보하도록 할 수 있다. 이 경우 통보를 받은 협회는 이를 퇴임·퇴직한 그 임직원에게 통보하여야 한다.

③ 제1항은 협회가 금융위원회의 조치요구에 따라 그 임직원을

조치한 경우 및 제2항에 따라 통보를 받은 경우에 준용한다.

④ 협회 또는 그 임직원(임직원이었던 자를 포함한다)은 금융위원회에 자기에 대한 제18조의10에 따른 처분 또는 조치 여부 및 그 내용을 조회할 수 있다.

⑤ 금융위원회는 제4항의 조회요청을 받은 경우에는 정당한 사유가 없으면 처분 또는 조치 여부 및 그 내용을 그 조회 요청자에게 통보하여야 한다.

⑥ 삭제 〈2023. 9. 14.〉

⑦ 삭제 〈2023. 9. 14.〉

[본조신설 2016. 3. 3.]

제18조의12(처분 또는 조치에 대한 이의신청 특례) ① 제14조의2, 제18조의10제1항, 같은 조 제2항제2호부터 제6호까지 및 같은 조 제4항(제2항제2호부터 제6호까지의 어느 하나에 해당하는 조치에 한정한다)에 따른 처분 또는 조치에 대하여 불복하는 자는 그 처분 또는 조치의 고지를 받은 날부터 30일 이내에 그 사유를 갖추어 금융위원회에 이의신청을 할 수 있다.

② 금융위원회는 제1항에 따른 이의신청을 받으면 그 신청을 받은 날부터 60일 이내에 그 이의신청에 대한 결과를 신청인에게 통지하여야 한다. 다만, 부득이한 사유로 60일 이내에 통지할 수 없는 경우에는 그 기간을 만료일 다음 날부터 기산하여 30일의 범위에서 한 차례 연장할 수 있다.

③ 제1항 및 제2항에서 규정한 사항 외에 처분에 대한 이의신청에 관한 사항은 「행정기본법」 제36조에 따른다.

[본조신설 2023. 9. 14.]

제19조(벌칙) ① 다음 각 호의 어느 하나에 해당하는 자는 10년 이하의 징역 또는 5억원 이하의 벌금에 처한다. 〈개정 2009. 2. 6., 2015. 7. 24., 2025. 1. 21.〉

1. 제3조 또는 제3조의2를 위반하여 등록 또는 등록갱신을 하지 아니하고 대부업등을 한 자

2. 속임수나 그 밖의 부정한 방법으로 제3조 또는 제3조의2에 따른 등록 또는 등록갱신을 한 자

3. 제9조의2제1항 또는 제2항을 위반하여 대부업 또는 대부중개업 광고를 한 자

4. 삭제 〈2025. 1. 21.〉

5. 삭제 〈2025. 1. 21.〉

② 다음 각 호의 어느 하나에 해당하는 자는 5년 이하의 징역 또는 2억원 이하의 벌금에 처한다. 〈신설 2025. 1. 21.〉

1. 제5조의2제5항 각 호를 위반하여 타인에게 자기의 명의로 대부업등을 하게 하거나 대부업 등록증을 양도·양수·대여·유통한 자

2. 제8조에 따른 이자율을 초과하여 이자를 받거나 제11조제1항을 위반하여 이자를 받은 자

3. 제9조의3제2항을 위반하여 광고 행위를 한 자

4. 제9조의9제1항 또는 제2항을 위반하여 대부과정 또는 대부중개과정에서 수집한 거래상대방의 개인정보를 정해진 용도 외의 목적으로 처리한 자

5. 제9조의9제3항을 위반하여 대부업 이용자의 개인정보를 제공받거나 제공한 자 또는 보관·전달·유통한 자

③ 다음 각 호의 어느 하나에 해당하는 자는 5년 이하의 징역 또는 5천만원 이하의 벌금에 처한다. 〈신설 2025. 1. 21.〉

1. 제10조제1항 또는 제7항을 위반하여 신용공여를 한 자

2. 제10조제1항 또는 제7항을 위반하여 신용공여를 받은 자

④ 다음 각 호의 어느 하나에 해당하는 자는 3년 이하의 징역 또는 3천만원 이하의 벌금에 처한다. 〈개정 2009. 2. 6., 2012. 12. 11., 2015. 7. 24., 2025. 1. 21.〉

1. 제5조의2제4항을 위반하여 그 상호 중에 대부, 대부중개 또는 이와 유사한 상호를 사용한 자

1의2. 삭제 〈2025. 1. 21.〉

2. 제7조제3항을 위반하여 서류를 해당 용도 외의 목적으로 사용한 자

3. 삭제 〈2025. 1. 21.〉

4. 제9조의4제1항 또는 제2항을 위반하여 불법사금융업자로부터 대부계약에 따른 채권을 양도받아 이를 추심하는 행위를 한 자 또는 불법사금융중개업자로부터 대부중개를 받은 거래상대방에게 대부행위를 한 자

5. 제9조의4제3항을 위반하여 대부계약에 따른 채권을 양도한 자

6. 제11조의2제1항 또는 제2항을 위반하여 대부중개를 하거나 중개수수료를 받은 자

7. 제11조의2제3항에 따른 중개수수료를 초과하여 지급한 자

8. 제11조의2제5항에 따른 시정명령을 이행하지 아니한 자

9. 제11조의2제6항을 위반하여 중개수수료를 지급받은 자

10. 제15조제4항에 따른 시정명령을 이행하지 아니한 자

⑤ 제1항부터 제4항까지의 징역형과 벌금형은 병과(倂科)할 수 있다. 〈개정 2025. 1. 21.〉

[전문개정 2009. 1. 21.]

제20조(양벌규정) 법인의 대표자나 법인 또는 개인의 대리인, 사용인, 그 밖의 종업원이 그 법인 또는 개인의 업무에 관하여 제19조의 위반행위를 하면 그 행위자를 벌하는 외에 그 법인 또는 개인에게도 해당 조문의 벌금형을 과(科)한다. 다만, 법인 또는 개인이 그 위반행위를 방지하기 위하여 해당 업무에 관하여 상당한 주의와 감독을 게을리하지 아니한 경우에는 그러하지 아니하다.

[전문개정 2009. 1. 21.]

제21조(과태료) ① 다음 각 호의 어느 하나에 해당하는 자에게는 5천만원 이하의 과태료를 부과한다. 〈개정 2010. 1. 25., 2015. 7. 24., 2017. 4. 18.〉

1. 제5조제1항 또는 제2항을 위반하여 변경등록 또는 폐업신고를 하지 아니한 자

2. 제5조의2제1항 또는 제2항을 위반하여 상호 중에 "대부" 또는 "대부중개"라는 문자를 사용하지 아니한 자

3. 제6조제1항 또는 제3항을 위반하여 계약서를 교부하지 아니한 자 또는 같은 조 제1항 각 호 또는 같은 조 제3항 각 호에서 정한 내용 중 전부 또는 일부가 적혀 있지 아니한 계약서를 교부하거나

같은 조 제1항 각 호 또는 같은 조 제3항 각 호에서 정한 내용 중 전부 또는 일부를 거짓으로 적어 계약서를 교부한 자

4. 제6조제2항 또는 제4항을 위반하여 설명을 하지 아니한 자

5. 제6조의2를 위반하여 거래상대방 또는 보증인이 같은 조 제1항 각 호의 사항 또는 같은 조 제2항 각 호의 사항을 자필로 기재하게 하지 아니한 자

6. 제7조제1항을 위반하여 거래상대방으로부터 소득·재산 및 부채상황에 관한 증명서류를 제출받지 아니한 자

6의2. 제7조의2를 위반하여 제3자에게 담보제공 여부를 확인하지 아니한 자

7. 제9조제1항을 위반하여 중요 사항을 게시하지 아니한 자

8. 제9조제2항, 제3항 또는 제5항을 위반하여 광고를 한 자

9. 제9조의3제1항 각 호의 행위를 한 자

10. 제9조의5제1항 또는 제2항을 위반하여 종업원을 고용하거나 업무를 위임하거나 대리하게 한 자

10의2. 제10조제2항을 위반하여 보고 또는 공시를 하지 아니한 자

11. 제12조제2항 및 제3항에 따른 검사에 불응하거나 검사를 방해한 자

12. 제12조제9항을 위반하여 보고서를 제출하지 아니하거나, 거짓으로 작성하거나, 기재하여야 할 사항의 전부 또는 일부를 기재하지 아니하고 제출한 자

② 다음 각 호의 어느 하나에 해당하는 자에게는 1천만원 이하의 과태료를 부과한다. 〈개정 2009. 2. 6., 2015. 7. 24., 2017. 4. 18.〉

1. 제3조제7항을 위반하여 분실신고를 하지 아니한 자

2. 제3조의3제1항 또는 제2항을 위반하여 등록증을 반납하지 아니한 자

3. 삭제 〈2012. 12. 11.〉

4. 제6조제5항을 위반하여 계약서와 계약관계서류의 보관의무를 이행하지 아니한 자

5. 제6조제6항을 위반하여 정당한 사유 없이 계약서 및 계약관계서류의 열람을 거부하거나 관련 증명서의 발급을 거부한 자

6. 제9조제4항을 위반하여 광고의 문안과 표기에 관한 의무를 이행하지 아니한 자

7. 삭제 〈2017. 4. 18.〉

8. 제10조의2를 위반하여 소속과 성명을 밝히지 아니한 자

9. 제12조제1항 또는 제5항에 따른 보고 또는 자료의 제출을 거부하거나 거짓으로 보고 또는 자료를 제출한 자

10. 제18조의2제5항에 따른 대부업 및 대부중개업 협회 또는 이와 비슷한 명칭을 사용한 자

③ 제1항이나 제2항에 따른 과태료는 대통령령으로 정하는 바에 따라 시 · 도지사등이 부과 · 징수한다. 〈개정 2015. 7. 24.〉

[전문개정 2009. 1. 21.]

부칙 〈제6706호, 2002. 8. 26.〉

제1조 (시행일) 이 법은 공포후 2월이 경과한 날부터 시행한다.

제2조 (유효기간 등) ①제8조(제11조에서 준용하는 경우를 포함한

다) 및 제12조의 규정은 2008년 12월 31일까지 효력을 가진다. 〈개정 2005. 5. 31.〉

②제1항의 규정에 의한 유효기간중 제8조제1항의 규정에 위반하여 이자를 받은 자 및 제12조제1항부터 제4항까지의 규정에 의한 검사에 불응하거나 검사를 방해한 자에 대하여는 제1항의 규정에 의한 유효기간이 만료한 후에도 제19조제2항제2호 및 제21조제1항제6호의 규정을 적용한다. 〈개정 2007. 12. 21.〉

제3조 (적용례) 이 법은 이 법 시행후 체결하는 대부계약부터 적용한다.

제4조 (대부업 등록에 관한 경과조치) ①이 법 시행 당시 대부업을 영위하는 자는 이 법 시행후 3월 이내에 시·도지사에게 등록하여야 한다.

②이 법 시행 당시 대부업을 영위하는 자에 대하여는 제1항의 규정에 의한 등록기간이 경과하는 날까지 제19조제1항제1호의 규정을 적용하지 아니한다.

③이 법 시행 당시 사업자등록을 하고 대부업을 영위하는 자에 대하여는 제4조의 규정을 적용하지 아니한다.

부칙 〈제7428호, 2005. 3. 31.〉 (채무자 회생 및 파산에 관한 법률)

제1조 (시행일) 이 법은 공포 후 1년이 경과한 날부터 시행한다.

제2조 내지 제4조 생략

제5조 (다른 법률의 개정) ①내지 ㉙생략

㉚대부업의등록및금융이용자보호에관한법률 일부를 다음과 같이 개정한다.

제4조제2호중 "파산자"를 "파산선고를 받은 자"로 한다.

㉛내지 〈145〉생략

제6조 생략

부칙 〈제7523호, 2005. 5. 31.〉

①(시행일) 이 법은 공포 후 3월이 경과한 날부터 시행한다.

②(이자율적용에 관한 적용례) 제8조제1항의 개정규정은 이 법 시행 후 최초로 대부계약을 체결하는 분부터 적용한다.

③(대부업 등록의 유효기간에 관한 경과조치) 이 법 시행 당시 이미 등록된 대부업자에 대하여는 제3조제5항의 개정규정에 의한 등록의 유효기간을 적용함에 있어서 이 법 시행일부터 기산한다.

부칙 〈제8700호, 2007. 12. 21.〉

①(시행일) 이 법은 공포 후 3개월이 경과한 날부터 시행한다.

②(이자율제한에 관한 적용례) 이 법 시행 전에 성립한 대부계약상의 이자율에 관하여도 이 법 시행일 이후부터는 제8조제1항의 개정규정을 적용한다.

부칙 〈제8852호, 2008. 2. 29.〉 (정부조직법)

제1조(시행일) 이 법은 공포한 날부터 시행한다. 다만, ···〈생략〉···, 부칙 제6조에 따라 개정되는 법률 중 이 법의 시행 전에 공

포되었으나 시행일이 도래하지 아니한 법률을 개정한 부분은 각각 해당 법률의 시행일부터 시행한다.

제2조 부터 제5조까지 생략

제6조(다른 법률의 개정) ① 부터 ㉔ 까지 생략

㉕ 대부업의 등록 및 금융이용자보호에 관한 법률 일부를 다음과 같이 개정한다.

제16조제1항 및 제2항 중 "행정자치부장관"을 각각 "행정안전부장관"으로 한다.

㉖ 부터 〈760〉 까지 생략

제7조 생략

부칙 〈제8863호, 2008. 2. 29.〉 (금융위원회의 설치 등에 관한 법률)

제1조(시행일) 이 법은 공포한 날부터 시행한다.

제2조 부터 제4조까지 생략

제5조(다른 법률의 개정) ① 부터 〈60〉 까지 생략

〈61〉 대부업의 등록 및 이용자보호에 관한 법률 일부를 다음과 같이 개정한다.

제15조제2항 및 제16조제1항ㆍ제2항 중 "금융감독위원회"를 각각 "금융위원회"로 한다.

제12조제3항 중 "금융감독기구의설치등에관한법률"을 "금융위원회의 설치 등에 관한 법률"로 한다.

〈62〉 부터 〈85〉 까지 생략

부칙 〈제9344호, 2009. 1. 21.〉

제1조(시행일) 이 법은 공포 후 3개월이 경과한 날부터 시행한다. 다만, 제8조, 제11조제1항 및 제12조의 개정규정은 공포한 날부터 시행한다.

제2조(유효기간 등) ① 제8조, 제11조제1항 및 제15조제1항·제2항의 개정규정은 2013년 12월 31일까지 효력을 가진다.

② 제1항에 따른 유효기간 중 제8조, 제11조제1항 및 제15조제1항·제2항의 개정규정을 위반하여 이자를 받은 자에 대하여는 제1항에 따른 유효기간이 만료한 후에도 제15조제4항 및 제19조제2항제3호·제7호의 개정규정을 적용한다.

제3조(계약서 등 서류에 관한 적용례) 제6조제5항, 제6조의2 및 제7조제1항의 개정규정은 이 법 시행 후 최초로 체결한 대부계약 또는 보증계약부터 적용한다.

제4조(초과이자에 관한 적용례) 제8조제4항(제11조제1항 및 제15조제5항에서 준용하는 경우를 포함한다)의 개정규정은 이 법 시행 후 최초로 발생하는 것으로서 제8조제1항, 제11조제1항 및 제15조제1항의 개정규정에 따른 이자율을 초과하는 이자를 지급한 경우부터 적용한다.

제5조(이자율 등의 제한에 관한 적용례) 이 법 시행 전에 성립한 대부계약상의 이자율에 대하여도 이 법 시행일부터 제8조(같은 조 제4항은 제외한다), 제11조제1항(같은 항에서 준용하는 제8조제4항은 제외한다) 및 제15조(같은 조 제5항에서 준용하는 제8조제4항은 제외한다)의 개정규정을 적용한다.

제6조(대부업자등의 상호 사용에 관한 특례) 이 법 시행 당시 종전의 제3조에 따라 대부업의 등록을 한 자는 그 등록의 유효기간 만료일까지 제5조의2제1항 및 제2항의 개정규정에도 불구하고 종전의 상호를 사용할 수 있다.

제7조(종전의 대부업자등에 대한 경과조치) ① 이 법 시행 당시 종전의 제3조에 따라 대부업의 등록을 한 자는 그 등록의 유효기간 만료일까지 제3조의 개정규정에 따라 대부업등의 등록을 한 것으로 본다. 이 경우 제3조의 개정규정에 따라 대부업등의 등록을 한 것으로 보는 자는 이 법 시행일부터 3개월 이내에 대부업 등록증 및 대부중개업 등록증을 다시 교부받아야 한다.

② 이 법 시행 당시 제2조제1호 각 목의 어느 하나에 해당하는 자로부터 대부계약에 따른 채권을 양도받아 이를 추심하는 것을 업으로 하는 자는 이 법 시행 후 3개월 이내에 제3조의 개정규정에 따라 대부업의 등록을 하여야 한다.

제8조(행정처분에 관한 경과조치) 이 법 시행 전의 행위에 대한 행정처분은 종전의 규정에 따르되, 대부중개와 관련된 위반행위에 대하여는 부칙 제7조제1항에 따라 등록한 것으로 보는 대부중개업자에 대하여 행정처분을 하고, 그 밖의 위반행위에 대하여는 부칙 제7조제1항에 따라 등록한 것으로 보는 대부업자에 대하여 행정처분을 한다.

제9조(다른 법률의 개정) 이자제한법 일부를 다음과 같이 개정한다.

제7조 중 "대부업에는"을 "대부업과 「대부업 등의 등록 및 금융이용자 보호에 관한 법률」 제9조의4에 따른 미등록대부업자에 대하여

는"으로 한다.

부칙 〈제9418호, 2009. 2. 6.〉 (채권의 공정한 추심에 관한 법률)

제1조(시행일) 이 법은 공포 후 6개월이 경과한 날부터 시행한다.

제2조 부터 제4조까지 생략

제5조(다른 법률의 개정) ① 생략

② 제9344호 대부업의 등록 및 금융이용자보호에 관한 법률 일부개정법률 일부를 다음과 같이 개정한다.

제13조제1항제1호를 다음과 같이 한다.

1. 별표 각 호의 어느 하나에 해당하는 경우, 「채권의 공정한 추심에 관한 법률」 제5조제1항, 제7조부터 제9조까지, 제10조제1항 및 제11조부터 제13조까지를 위반한 경우

제10조, 제19조제1항제4호 · 제2항제5호 및 제21조제1항제10호 · 제2항제7호를 각각 삭제한다.

③ 생략

부칙 〈제9617호, 2009. 4. 1.〉 (신용정보의 이용 및 보호에 관한 법률)

제1조(시행일) 이 법은 공포 후 6개월이 경과한 날부터 시행한다.

제2조 부터 제11조까지 생략

제12조(다른 법률의 개정) ① 부터 ⑪ 까지 생략

⑫ 대부업 등의 등록 및 금융이용자 보호에 관한 법률 일부를 다

음과 같이 개정한다.

제4조제6호라목을 다음과 같이 한다.

라. 「신용정보의 이용 및 보호에 관한 법률」 제50조제1항제1호 또는 같은 조 제2항제7호

⑬ 부터 ㉔ 까지 생략

제13조 생략

부칙 〈제9970호, 2010. 1. 25.〉

제1조(시행일) 이 법은 공포 후 3개월이 경과한 날부터 시행한다.

제2조(계약서 등 서류에 관한 적용례) 제6조제1항 및 제7조의2의 개정규정은 이 법 시행 후 최초로 체결한 대부계약부터 적용한다.

제3조(이자율 등의 제한에 관한 적용례) 이 법 시행 전에 성립한 대부계약상의 이자율에 대하여도 이 법 시행일부터 제8조제1항 및 제15조제1항의 개정규정을 적용한다.

제4조(대부업자등에 대한 경과조치) 이 법 시행 당시 종전의 제3조에 따라 대부업등의 등록을 한 자는 그 등록의 유효기간 만료일까지 제3조의 개정규정에 따라 대부업등의 등록을 한 것으로 본다.

제5조(대부업종사자의 결격사유에 관한 경과조치) 이 법 시행 당시 대부업등에 종사하고 있는 자가 이 법 시행 전에 발생한 사유로 인하여 제9조의5의 개정규정에 따른 결격사유에 해당하게 된 경우에는 같은 조의 개정규정에도 불구하고 종전의 규정에 따른다.

제6조(행정처분에 관한 경과조치) 이 법 시행 전의 행위에 대한 행정처분은 종전의 규정에 따른다.

부칙 <제10580호, 2011. 4. 12.> (부동산등기법)

제1조(시행일) 이 법은 공포 후 6개월이 경과한 날부터 시행한다. <단서 생략>

제2조 및 제3조 생략

제4조(다른 법률의 개정) ①부터 ⑪까지 생략

⑫ 대부업 등의 등록 및 금융이용자 보호에 관한 법률 일부를 다음과 같이 개정한다.

제3조제2항제4호의2 중 "등기부등본"을 "등기사항증명서"로 한다.

⑬부터 ㊷까지 생략

제5조 생략

부칙 <제11544호, 2012. 12. 11.>

제1조(시행일) 이 법은 공포 후 6개월이 경과한 날부터 시행한다.

제2조(폐업한 자에 대한 등록 제한에 관한 적용례) 제4조제6호의2의 개정규정은 이 법 시행 후 최초로 신청된 폐업행위부터 적용한다.

제3조(업무총괄 사용인 등에 관한 적용례) 이 법 시행일 당시 대부업등을 영위하는 자에 대하여는 제3조의2에 따른 등록갱신 시점부터 제5조의3의 개정규정을 적용한다.

제4조(대부중개수수료에 관한 적용례) 제11조의2의 개정규정은 이 법 시행 후 최초로 대부중개하는 행위부터 적용한다.

제5조(등록의 제한에 관한 경과조치) 이 법 시행 당시 재직 중인 임원, 대표자 또는 업무총괄 사용인이 이 법 시행 전에 발생한 사유로 인하여 제4조의 개정규정에 따른 결격사유에 해당하게 된 경우에는

같은 개정규정에도 불구하고 종전의 규정에 따른다.

제6조(행정처분에 관한 경과조치) 이 법 시행 전의 행위에 대하여 행정처분을 하는 경우에는 종전의 규정에 따른다.

제7조(벌칙 및 과태료에 관한 경과조치) 이 법 시행 전의 행위에 대하여 벌칙 및 과태료를 적용할 때에는 종전의 규정에 따른다.

부칙 〈제11690호, 2013. 3. 23.〉 (정부조직법)

제1조(시행일) ① 이 법은 공포한 날부터 시행한다.

② 생략

제2조 부터 제5조까지 생략

제6조(다른 법률의 개정) ①부터 〈694〉까지 생략

〈695〉 대부업 등의 등록 및 금융이용자 보호에 관한 법률 일부를 다음과 같이 개정한다.

제16조제1항 및 제2항 중 "행정안전부장관"을 각각 "안전행정부장관"으로 한다.

〈696〉부터 〈710〉까지 생략

제7조 생략

부칙 〈제12156호, 2014. 1. 1.〉

제1조(시행일) 이 법은 공포한 날부터 시행한다. 다만, 제6조제1항제3호의2, 제11조의3, 제16조제3항, 제16조의2의 개정규정은 공포 후 3개월이 경과한 날부터 시행한다.

제2조(유효기간 등) ① 제8조, 제11조제1항, 제15조제1항 · 제2항의

개정규정은 2015년 12월 31일까지 효력을 가진다.

② 제1항에 따른 유효기간 중 제8조, 제11조제1항, 제15조제1항·제2항의 개정규정을 위반하여 이자를 받은 자에 대하여는 제1항에 따른 유효기간이 만료한 후에도 제15조제4항 및 제19조제2항제3호·제10호를 적용한다.

제3조(초과이자에 관한 적용례) 제8조제4항의 개정규정(제11조제1항 및 제15조제5항에서 준용하는 경우를 포함한다)은 종전의 규정에 따라 이자율을 초과하는 이자를 지급한 경우에도 적용한다.

제4조(대부중개를 위탁한 대부업자 또는 여신금융기관의 배상책임에 관한 적용례) 제11조의3의 개정규정은 같은 개정규정 시행 후 최초로 손해를 발생시킨 분부터 적용한다.

제5조(행정처분 사실 등의 공개에 관한 적용례) 제16조의2의 개정규정은 같은 개정규정 시행 후 최초로 행정처분 또는 시정명령을 받은 분부터 적용한다.

제6조(이자율 제한 등에 관한 특례) ① 제8조, 제15조제1항·제2항의 개정규정에도 불구하고 같은 개정규정에 따른 대통령령이 시행되기 전까지는 제2항부터 제5항까지의 규정에 따른다.

② 제8조제1항의 개정규정에서 "대통령령으로 정하는 소규모 법인"이란 「중소기업기본법」 제2조제2항에 따른 소기업에 해당하는 법인을 말한다.

③ 제8조제1항의 개정규정에서 "대통령령으로 정하는 율"이란 연 100분의 39(이 법 시행 후 3개월이 경과한 날부터는 연 100분의 34.9)를 말하며, 월 이자율 및 일 이자율은 연 100분의 39(이 법

시행 후 3개월이 경과한 날부터는 연 100분의 34.9)를 단리로 환산한다.

④ 제8조제2항의 개정규정 단서에서 "대통령령으로 정한 사항"이란 다음 각 호의 비용을 말한다.

1. 담보권 설정비용

2. 신용조회비용(「신용정보의 이용 및 보호에 관한 법률」 제4조제1항제1호의 업무를 허가받은 자에게 거래상대방의 신용을 조회하는 경우만 해당한다)

⑤ 제15조제1항의 개정규정에서 "대통령령으로 정하는 율"이란 연 100분의 39(이 법 시행 후 3개월이 경과한 날부터는 연 100분의 34.9)를 말하며, 월 이자율 및 일 이자율은 연 100분의 39(이 법 시행 후 3개월이 경과한 날부터는 연 100분의 34.9)를 단리로 환산한다.

제7조(이자율 제한에 관한 적용례) ① 제8조, 제11조제1항, 제15조제1항·제2항의 개정규정에 따른 이자율은 이 법 시행 후 최초로 계약을 체결하거나 갱신하는 분부터 적용한다.

② 부칙 제6조제3항 및 제5항 중 연 100분의 34.9의 이자율은 이 법 시행 후 3개월이 경과한 날부터 체결하거나 갱신하는 계약분부터 적용한다.

부칙 〈제12493호, 2014. 3. 18.〉

이 법은 공포 후 6개월이 경과한 날부터 시행한다.

부칙 〈제12844호, 2014. 11. 19.〉 (정부조직법)

제1조(시행일) 이 법은 공포한 날부터 시행한다. 다만, 부칙 제6조에 따라 개정되는 법률 중 이 법 시행 전에 공포되었으나 시행일이 도래하지 아니한 법률을 개정한 부분은 각각 해당 법률의 시행일부터 시행한다.

제2조 부터 제5조까지 생략

제6조(다른 법률의 개정) ①부터 〈247〉까지 생략

〈248〉 대부업 등의 등록 및 금융이용자 보호에 관한 법률 일부를 다음과 같이 개정한다.

제16조제1항부터 제3항까지 중 “안전행정부장관”을 각각 “행정자치부장관”으로 한다.

〈249〉부터 〈258〉까지 생략

제7조 생략

부칙 〈제13216호, 2015. 3. 11.〉 (신용정보의 이용 및 보호에 관한 법률)

제1조(시행일) 이 법은 공포 후 6개월이 경과한 날부터 시행한다. 〈단서 생략〉

제2조 부터 제14조까지 생략

제15조(다른 법률의 개정) ①부터 ③까지 생략

④ 대부업 등의 등록 및 금융이용자 보호에 관한 법률 일부를 다음과 같이 개정한다.

제4조제6호라목을 다음과 같이 한다.

라. 「신용정보의 이용 및 보호에 관한 법률」 제50조제2항제1호 또는 같은 조 제3항제3호

⑤부터 ⑪까지 생략

부칙 〈제13445호, 2015. 7. 24.〉

제1조(시행일) 이 법은 공포 후 1년이 경과한 날부터 시행한다. 다만 제9조제5항 및 제21조제1항제8호의 개정규정은 공포 후 1개월이 경과한 날부터 시행하고, 제18조의2제3항의 개정규정은 공포한 날부터 시행한다.

제2조(대부업등 광고에 대한 적용례) 제9조제5항의 개정규정은 같은 개정규정 시행 후 최초로 광고에 관한 계약을 체결하는 분부터 적용한다.

제3조(대부업자등에 대한 경과조치) 이 법 시행 당시 종전의 제3조에 따라 대부업등의 등록을 한 자는 그 등록의 유효기간 만료일까지 제3조의 개정규정에 따라 대부업등의 등록을 한 것으로 본다.

제4조(대부업등의 등록업무 이관 등에 관한 경과조치) ① 시·도지사는 이 법 시행 후 3개월 이내에 제3조제2항의 개정규정에 따라 금융위원회로 등록기관이 변경되는 대부업자등에 관한 모든 서류 및 그 밖의 자료 등을 금융위원회로 이관하여야 한다.

② 이 법 시행 전에 종전의 제3조의2제1항에 따라 시·도지사에게 등록갱신을 신청한 자로서 이 법 시행 당시 그 갱신절차가 진행중인 자 중 제3조제2항의 개정규정에 따라 금융위원회로 등록기관이 변경되는 자의 해당 등록갱신 신청은 금융위원회에 한 것으로

본다.

제5조(등록요건 및 임원 등의 자격에 관한 경과조치) ① 이 법 시행 당시 종전의 규정에 따라 등록한 대부업자등이 이 법 시행 전에 발생한 사유로 인하여 제3조의5의 개정규정에 의한 등록요건에 적합하지 아니하게 된 경우에는 같은 개정규정에도 불구하고 종전의 관련 규정에 따른다.

② 제1항에도 불구하고 이 법 시행 당시 종전의 규정에 따라 등록한 대부업자는 이 법 시행 후 6개월 이내에 제3조의5제1항제1호 또는 제2항제2호의 개정규정에 적합하게 하여야 한다.

③ 시·도지사등은 대부업자가 제2항의 의무를 이행하지 아니한 경우에는 해당 대부업자의 대부업 등록을 취소하여야 한다.

④ 이 법 시행 당시 대부업자등에 재직 중인 임원, 업무총괄 사용인이 이 법 시행 전에 발생한 사유로 인하여 제4조의 개정규정에 따른 임원 등의 결격사유에 해당하게 된 경우에는 같은 개정규정에도 불구하고 종전의 관련 규정에 따른다.

제6조(금치산자 등에 대한 경과조치) 제4조제1항제1호의 개정규정에 따른 피성년후견인 또는 피한정후견인에는 법률 제10429호 민법 일부개정법률 부칙 제2조에 따라 금치산 또는 한정치산 선고의 효력이 유지되는 자를 포함하는 것으로 본다.

제7조(대부업자의 총자산한도 초과에 관한 경과조치) 이 법 시행 당시 제7조의3의 개정규정에 따른 총자산한도에 해당하는 금액을 초과하는 대부업자는 이 법 시행일부터 2년 이내에 같은 개정규정에 적합하도록 하여야 한다.

제8조(고용 제한에 관한 경과조치) 이 법 시행 당시 대부업자등에 고용되어 있는 자가 이 법 시행 전에 발생한 사유로 인하여 제9조의5제1항제2호의 개정규정에 따른 고용 제한 사유에 해당하게 된 경우에는 같은 개정규정에도 불구하고 종전의 규정에 따른다.

제9조(상호출자제한기업집단 대부업자 등의 신용공여에 관한 경과조치) ① 이 법 시행 당시 제10조제1항의 개정규정에 적합하지 아니한 상호출자제한기업집단 대부업자 및 그 대주주는 이 법 시행일부터 2년 이내에 같은 개정규정에 적합하도록 하여야 한다.

② 이 법 시행 당시 제10조제7항의 개정규정에 적합하지 아니한 여신금융기관이 최대주주인 대부업자 및 그 대주주는 이 법 시행일부터 1년 이내에 같은 개정규정에 적합하도록 하여야 한다.

제10조(대부업자등의 보증금 예탁 등에 관한 경과조치) 이 법 시행 당시 대부업자등 중 제11조의4제2항의 개정규정에 따른 보증금 예탁이나 보험 또는 공제에 가입하지 아니한 자는 이 법 시행일부터 6개월 이내에 같은 개정규정에 따른 보증금 예탁이나 보험 또는 공제에 가입하여야 한다.

제11조(행정처분 기준에 관한 경과조치) 이 법 시행 전의 행위에 대하여 행정처분을 하는 경우에는 종전의 규정에 따른다.

제12조(분쟁 조정에 관한 경과조치) 이 법 시행 당시 종전의 제18조제1항에 따라 분쟁 조정이 신청된 경우에는 같은 조 제4항의 개정규정에도 불구하고 종전의 규정에 따른다.

부칙 〈제14072호, 2016. 3. 3.〉

제1조(시행일) 이 법은 공포한 날부터 시행한다. 다만, 법률 제13445호 대부업 등의 등록 및 금융이용자 보호에 관한 법률 일부개정법률 제13조제6항의 개정규정은 2016년 7월 25일부터 시행하고, 제18조의3제2항, 제18조의9부터 제18조의11까지 및 별표 2의 개정규정은 공포 후 6개월이 경과한 날부터 시행한다.

제2조 삭제 〈2018. 12. 24.〉

제3조(초과이자에 관한 적용례) 제8조제4항의 개정규정(제11조제1항의 개정규정 및 제15조제5항에서 준용하는 경우를 포함한다)은 종전의 규정에 따라 이자율을 초과하는 이자를 지급한 경우에도 적용한다.

제4조(이자율 제한에 관한 적용례 등) ① 제8조, 제11조제1항, 제15조제1항·제2항의 개정규정에 따른 이자율은 이 법 시행 후 최초로 계약을 체결 또는 갱신하거나 연장하는 분부터 적용한다.

② 부칙 제5조제2항 및 제4항 중 연 100분의 27.9의 이자율은 이 법 시행 후 최초로 계약을 체결 또는 갱신하거나 연장하는 분부터 적용한다.

③ 2016년 1월 1일부터 이 법 시행 전에 성립한 계약(그 계약의 갱신이나 연장을 제외한다)의 이자율에 대하여는 이 법 시행일부터 법률 제12156호 대부업 등의 등록 및 금융이용자 보호에 관한 법률 일부개정법률 제8조, 제11조제1항, 제15조제1항·제2항을 적용한다.

제5조(이자율 제한 등에 관한 특례) ① 제8조, 제15조제1항·제2항의 개정규정에도 불구하고 같은 개정규정에 따른 대통령령이 시행되

기 전까지는 제2항부터 제5항까지의 규정에 따른다.

② 제8조제1항의 개정규정에서 "대통령령으로 정하는 율"이란 연 100분의 27.9를 말하며, 월 이자율 및 일 이자율은 연 100분의 27.9를 단리로 환산한다.

③ 제8조제2항 단서의 개정규정에서 "대통령령으로 정한 사항"이란 다음 각 호의 비용을 말한다.

1. 담보권 설정비용

2. 신용조회비용(「신용정보의 이용 및 보호에 관한 법률」 제4조제1항제1호의 업무를 허가받은 자에게 거래상대방의 신용을 조회하는 경우만 해당한다)

④ 제15조제1항의 개정규정에서 "대통령령으로 정하는 율"이란 연 100분의 27.9를 말하며, 월 이자율 및 일 이자율은 연 100분의 27.9를 단리로 환산한다.

⑤ 제15조제2항의 개정규정에 따라 준용되는 제8조제2항 단서의 개정규정에서 "대통령령으로 정하는 사항"이란 다음 각 호의 비용을 말한다.

1. 담보권 설정비용

2. 신용조회비용(「신용정보의 이용 및 보호에 관한 법률」 제4조제1항제1호의 업무를 허가받은 자에게 거래상대방의 신용을 조회하는 경우만 해당한다)

3. 만기가 1년 이상인 대부계약의 대부금액을 조기상환함에 따라 발생하는 비용으로서 조기상환 금액의 100분의 1을 초과하지 아니하는 금액

제6조(행정처분 등에 관한 경과조치) ① 이 법 시행 전의 행위에 대하여 행정처분을 하는 경우에는 종전의 규정에 따른다.

② 이 법 시행 전의 행위에 대하여 벌칙 및 과태료를 적용할 때에는 종전의 규정에 따른다.

부칙 〈제14820호, 2017. 4. 18.〉

제1조(시행일) 이 법은 공포 후 6개월이 경과한 날부터 시행한다.

제2조(대부계약의 체결 등에 관한 적용례) 제6조제1항제10호의 개정규정은 이 법 시행 이후 최초로 대부업자가 그의 거래상대방과 대부계약을 체결하는 경우부터 적용한다.

제3조(대부조건의 게시와 광고에 관한 적용례) 제9조제2항제5호·제6호 및 같은 조 제3항제5호·제6호의 개정규정은 이 법 시행 이후 최초로 대부업자 또는 대부중개업자가 대부조건 등에 관하여 표시 또는 광고하는 경우부터 적용한다.

제4조(퇴임한 임원 등에 대한 조치 내용의 통보에 관한 적용례) ① 제13조제7항의 개정규정은 이 법 시행 전에 퇴임한 임원 또는 퇴직한 직원에 대해서도 적용한다.

② 제13조제8항의 개정규정은 이 법 시행 이후 최초로 대부업자 등이 통보를 받는 경우부터 적용한다.

제5조(가산금 징수기간에 관한 적용례) 제14조의2제2항 후단의 개정규정은 이 법 시행 전의 납부기한 내에 과징금을 납부하지 아니한 경우에도 적용하되, 이 법 시행 당시 가산금 징수기간이 60개월을 초과한 경우에는 이 법 시행 이후의 기간에 대해서는 가산금을

징수하지 아니한다.

제6조(임원의 직무정지 요구에 관한 경과조치) 이 법 시행 전의 위반행위에 대해서는 제13조제6항제2호의 개정규정에도 불구하고 종전의 규정에 따른다.

제7조(과징금에 관한 경과조치) 이 법 시행 전의 위반행위에 대하여 과징금을 부과하는 경우에는 제14조의2제1항의 개정규정에도 불구하고 종전의 규정에 따른다.

부칙 〈제14839호, 2017. 7. 26.〉 (정부조직법)

제1조(시행일) ① 이 법은 공포한 날부터 시행한다. 다만, 부칙 제5조에 따라 개정되는 법률 중 이 법 시행 전에 공포되었으나 시행일이 도래하지 아니한 법률을 개정한 부분은 각각 해당 법률의 시행일부터 시행한다.

제2조 부터 제4조까지 생략

제5조(다른 법률의 개정) ①부터 〈295〉까지 생략

〈296〉 대부업 등의 등록 및 금융이용자 보호에 관한 법률 일부를 다음과 같이 개정한다.

제9조의6제1항 · 제2항 중 “미래창조과학부장관”을 각각 “과학기술정보통신부장관”으로 한다.

제16조제1항부터 제3항까지 중 “행정자치부장관”을 각각 “행정안전부장관”으로 한다.

〈297〉부터 〈382〉까지 생략

제6조 생략

부칙 〈제16089호, 2018. 12. 24.〉

제1조(시행일) 이 법은 공포한 날부터 시행한다. 다만, 제8조제3항·제5항, 제11조제1항 및 제15조제5항의 개정규정은 공포 후 6개월이 경과한 날부터 시행한다.

제2조(대부업자의 이자율 제한에 관한 적용례) 제8조제3항의 개정규정은 이 법 시행일 이후 최초로 계약을 체결 또는 갱신하거나 연장하는 분부터 적용한다.

부칙 〈제16957호, 2020. 2. 4.〉 (신용정보의 이용 및 보호에 관한 법률)

제1조(시행일) 이 법은 공포 후 6개월이 경과한 날부터 시행한다. 〈단서 생략〉

제2조 부터 제11조까지 생략

제12조(다른 법률의 개정) ①부터 ⑩까지 생략

⑪ 대부업 등의 등록 및 금융이용자 보호에 관한 법률 일부를 다음과 같이 개정한다.

제9조제2항제6호 중 “신용등급”을 “신용등급 또는 개인신용평점”으로 하고, 같은 조 제3항제6호 중 “신용등급”을 “신용등급 또는 개인신용평점”으로 한다.

⑫부터 ㉙까지 생략

제13조 생략

부칙 〈제17112호, 2020. 3. 24.〉 (금융소비자 보호에 관한

법률)

제1조(시행일) 이 법은 공포 후 1년이 경과한 날부터 시행한다. 〈단서 생략〉

제2조 부터 제12조까지 생략

제13조(다른 법률의 개정) ①부터 ④까지 생략

⑤ 대부업 등의 등록 및 금융이용자 보호에 관한 법률 일부를 다음과 같이 개정한다.

제9조의8을 다음과 같이 신설한다.

제9조의8(차별금지) 대부업자는 대부계약을 체결하는 경우에 정당한 사유 없이 성별·학력·장애·사회적 신분 등을 이유로 계약조건에 관하여 거래상대방을 부당하게 차별해서는 아니 된다.

제18조제4항 중 "「금융위원회의 설치 등에 관한 법률」 제51조부터 제57조"를 "「금융소비자 보호에 관한 법률」 제33조부터 제43조"로 한다.

⑥부터 ⑲까지 생략

부칙 〈제17354호, 2020. 6. 9.〉 (전자서명법)

제1조(시행일) 이 법은 공포 후 6개월이 경과한 날부터 시행한다. 〈단서 생략〉

제2조 부터 제6조까지 생략

제7조(다른 법률의 개정) ①부터 ③까지 생략

④ 대부업 등의 등록 및 금융이용자 보호에 관한 법률 일부를 다음과 같이 개정한다.

제6조의2제3항제1호 중 “「전자서명법」 제2조제8호에 따른 공인인증서”를 “「전자서명법」 제2조제6호에 따른 인증서(서명자의 실지명의를 확인할 수 있는 것을 말한다)”로 한다.

⑤부터 ㉒까지 생략

제8조 생략

부칙 〈제17799호, 2020. 12. 29.〉 (독점규제 및 공정거래에 관한 법률)

제1조(시행일) 이 법은 공포 후 1년이 경과한 날부터 시행한다. 〈단서 생략〉

제2조 부터 제24조까지 생략

제25조(다른 법률의 개정) ①부터 ⑳까지 생략

㉑ 대부업 등의 등록 및 금융이용자 보호에 관한 법률 일부를 다음과 같이 개정한다.

제3조제2항제3호 중 “「독점규제 및 공정거래에 관한 법률」 제14조”를 “「독점규제 및 공정거래에 관한 법률」 제31조”로 한다.

㉒부터 〈82〉까지 생략

제26조 생략

부칙 〈제18713호, 2022. 1. 4.〉

제1조(시행일) 이 법은 공포 후 6개월이 경과한 날부터 시행한다.

제2조(대부업자등 및 그 임직원에 대한 주의·경고 등에 관한 적용례) 제13조제6항 및 제7항의 개정규정은 이 법 시행 후 시·도지사

에게 등록한 대부업자등 또는 그 임직원이 별표 1 각 호의 어느 하나에 해당하게 된 경우부터 적용한다.

부칙 〈제19700호, 2023. 9. 14.〉 (행정법제 혁신을 위한 공인회계사법 등 13개 법률의 일부개정에 관한 법률)

제1조(시행일) 이 법은 공포한 날부터 시행한다.

제2조 생략

부칙 〈제20714호, 2025. 1. 21.〉

제1조(시행일) 이 법은 공포 후 6개월이 경과한 날부터 시행한다.

제2조(등록요건에 관한 적용례) 제3조의5의 개정규정은 이 법 시행 이후 등록을 신청한 경우부터 적용한다.

제3조(불법사금융업자와의 계약 효력에 관한 적용례) 제11조의 개정규정은 이 법 시행 이후 계약을 체결 또는 갱신하는 경우부터 적용한다.

제4조(등록요건에 관한 경과조치) ① 이 법 시행 당시 종전의 규정에 따라 등록한 대부업자등에 대해서는 제3조 및 제3조의5의 개정규정에 따라 등록한 것으로 본다. 다만, 이 법 시행 이후 2년 이내에 이 법에 따른 요건을 갖추어야 한다.

② 시·도지사등은 대부업자등이 제1항 단서의 의무를 이행하지 아니한 경우에는 해당 대부업자등의 등록을 취소하여야 한다.

제5조(임원 등의 자격에 관한 경과조치) 이 법 시행 당시 대부업자등에 재직 중인 대표자, 임원, 업무총괄 사용인이 이 법 시행 전에

발생한 사유로 인하여 제4조 및 제9조의5제1항의 개정규정에 따른 사유에 해당하게 된 경우에는 같은 개정규정에도 불구하고 종전의 규정에 따른다.

제6조(다른 법률의 개정) ① 교육세법 일부를 다음과 같이 개정한다.

별표 제15호 중 "같은 법 제9조의4에 따른 미등록대부업자 또는 미등록대부중개업자"를 "불법사금융업자 또는 불법사금융중개업자"로 한다.

② 이자제한법 일부를 다음과 같이 개정한다.

제7조 중 "제9조의4에 따른 미등록대부업자"를 "제2조제7호에 따른 불법사금융업자"로 한다.

③ 채권의 공정한 추심에 관한 법률 일부를 다음과 같이 개정한다.

제2조제1호가목 중 "대부업의 등록을 하지 아니하고 사실상 대부업을 영위하는 자"를 "불법사금융업자, 불법사금융중개업자"로 한다.

제8조의2제5호 중 "대부업의 등록을 하지 아니하고 사실상 대부업을 영위하는 자"를 "불법사금융업자 또는 불법사금융중개업자"로 한다.

별표 / 서식

[별표 1] 대부업자등에 대한 영업정지 처분 등 사유(제13조제1항제1호 관련)

[별표 2] 협회 및 그 임직원에 대한 처분 사유(제18조의10제1항부터 제3항까지의 규정 관련)

대부업 등의 등록 및 금융이용자 보호에 관한 법률 시행령

(약칭 : 대부업법 시행령)

[시행 2025. 7. 22.] [대통령령 제35659호, 2025. 7. 21., 일부개정]

**개정 예정 법률 밑줄 별도 표시.

대부업 등의 등록 및 금융이용자 보호에 관한 법률 시행령
(약칭 : 대부업법 시행령)

[시행 2025. 7. 22.] [대통령령 제35659호, 2025. 7. 21., 일부개정]

제1조(목적) 이 영은 「대부업 등의 등록 및 금융이용자 보호에 관한 법률」에서 위임된 사항과 그 시행에 필요한 사항을 규정함을 목적으로 한다.

[전문개정 2009. 4. 21.]

제2조(대부업에서 제외되는 범위) 「대부업 등의 등록 및 금융이용자 보호에 관한 법률」(이하 "법"이라 한다) 제2조제1호 각 목 외의 부분 단서에서 "대통령령으로 정하는 경우"란 다음 각 호의 어느 하나에 해당하는 경우를 말한다. 〈개정 2024. 1. 9.〉

1. 사업자가 그 종업원에게 대부하는 경우

2. 「노동조합 및 노동관계조정법」에 따라 설립된 노동조합이 그 구성원에게 대부하는 경우

3. 국가 또는 지방자치단체가 대부하는 경우

4. 「민법」이나 그 밖의 법률에 따라 설립된 비영리법인이 정관에서 정한 목적의 범위에서 대부하는 경우

5. 여신금융기관이 「외국환거래법」 제3조제1항제15호에 따른 비거주자 중 외국 국적을 가진 사람이나 외국 법령에 따라 설립된 법인에 외화로 대부하는 경우

[전문개정 2009. 4. 21.]

제2조의2(여신금융기관의 범위) 법 제2조제4호에서 "대통령령으로 정하는 법령"이란 다음 각 호의 법률을 말한다. 〈개정 2020. 8. 25., 2022. 8. 23.〉

1. 「은행법」
2. 「중소기업은행법」
3. 「한국산업은행법」
4. 「한국수출입은행법」
5. 「한국은행법」
6. 「자본시장과 금융투자업에 관한 법률」
7. 「상호저축은행법」
8. 「농업협동조합법」
9. 「수산업협동조합법」
10. 「신용협동조합법」
11. 「산림조합법」
12. 「새마을금고법」
13. 「보험업법」
14. 「여신전문금융업법」
15. 「자산유동화에 관한 법률」
16. 「우체국예금·보험에 관한 법률」

17. 「벤처투자 촉진에 관한 법률」

17의2. 「온라인투자연계금융업 및 이용자 보호에 관한 법률」

18. 그 밖에 금융위원회가 정하여 고시하는 법률

[본조신설 2016. 7. 6.]

[종전 제2조의2는 제2조의4로 이동 〈2016. 7. 6.〉]

제2조의3(특수관계인의 범위 등) ① 법 제2조제5호가목에서 "대통령령으로 정하는 특수한 관계에 있는 자"란 다음 각 호의 어느 하나에 해당하는 자(이하 "특수관계인"이라 한다)를 말한다. 〈개정 2021. 12. 28.〉

1. 본인이 개인인 경우: 다음 각 목의 어느 하나에 해당하는 자

가. 배우자(사실상의 혼인관계에 있는 사람을 포함한다. 이하 같다)

나. 6촌 이내의 부계혈족 및 4촌 이내의 부계혈족의 처

다. 3촌 이내의 부계혈족의 남편 및 자녀

라. 3촌 이내의 모계혈족과 그 배우자 및 자녀

마. 배우자의 2촌 이내의 부계혈족과 그 배우자

바. 입양자 생가(生家)의 직계존속

사. 출양자 및 그 배우자와 출양자 양가(養家)의 직계비속

아. 혼인 외 출생자의 생모

자. 본인의 금전이나 그 밖의 재산으로 생계를 유지하는 사람 및 생계를 함께 하는 사람

차. 본인이 혼자서 또는 본인과 가목부터 자목까지의 관계에 있는 사람과 합하여 100분의 30 이상을 출자하거나 그 밖에 임원의

임면(任免) 등 법인 또는 단체(이하 "법인등"이라 한다)의 주요 경영사항에 대하여 사실상 영향력을 행사하고 있는 경우에는 해당 법인등과 그 임원

카. 본인이 혼자서 또는 본인과 가목부터 차목까지의 관계에 있는 자와 합하여 100분의 30 이상을 출자하거나 그 밖에 임원의 임면 등 법인등의 주요 경영사항에 대하여 사실상 영향력을 행사하고 있는 경우에는 해당 법인등과 그 임원

2. 본인이 법인등인 경우: 다음 각 목의 어느 하나에 해당하는 자

가. 임원

나. 「독점규제 및 공정거래에 관한 법률」 제2조제12호에 따른 계열회사(이하 "계열회사"라 한다) 및 그 임원

다. 혼자서 또는 제1호 각 목의 관계에 있는 자와 합하여 본인에게 100분의 30 이상을 출자하거나 그 밖에 임원의 임면 등 본인의 주요 경영사항에 대하여 사실상 영향력을 행사하고 있는 개인(그와 제1호 각 목의 관계에 있는 자를 포함한다) 또는 법인(계열회사는 제외한다. 이하 이 호에서 같다)·단체와 그 임원

라. 본인이 혼자서 또는 본인과 가목부터 다목까지의 관계에 있는 자와 합하여 100분의 30 이상을 출자하는 경우나 그 밖에 임원의 임면 등 법인 또는 단체의 주요 경영사항에 대하여 사실상 영향력을 행사하고 있는 경우에는 해당 법인·단체와 그 임원

② 법 제2조제5호나목2)에서 "대통령령으로 정하는 자"란 다음 각 호의 어느 하나에 해당하는 자를 말한다.

1. 혼자서 또는 다른 주주(출자자를 포함한다. 이하 이 항에서 같

다)와의 합의·계약 등에 따라 대표이사 또는 이사의 과반수를 선임한 주주

2. 경영전략, 조직 변경 등 주요 의사결정이나 업무집행에 지배적인 영향력을 행사한다고 인정되는 자로서 금융위원회가 정하는 주주

③ 법 제2조제6호에서 "대통령령으로 정하는 금액"이란 「상법」 제30조제2항에 따른 대차대조표 상 납입자본금·자본잉여금 및 이익잉여금 등의 합계액에 결산상 오류에 따른 금액을 더하거나 뺀 금액을 말한다.

[본조신설 2016. 7. 6.]

[종전 제2조의3은 제2조의5로 이동 〈2016. 7. 6.〉]

제2조의4(대부중개시스템을 활용한 대부중개업) 법 제3조제2항제6호에서 "전자적 장치·시스템 등을 통한 대통령령으로 정하는 방식"이란 대부중개를 목적으로 「정보통신망 이용촉진 및 정보보호 등에 관한 법률」 제2조제1항제9호에 따른 게시판을 설치·운영하여 다음 각 호의 정보를 대부업자 또는 대부중개업자(이하 "대부업자등"이라 한다)나 대부업을 이용하려는 자에게 공개 또는 제공하는 방식을 말한다.

1. 대부업을 이용하려는 자의 개인정보

2. 대부업자등의 전화번호 등 연락처

[본조신설 2025. 7. 21.]

제2조의5(출자자의 범위) 법 제3조제3항제2호에서 "대통령령으로 정하는 기준"이란 발행주식총수 또는 출자총액의 100분의 1을 말한다. 〈개정 2016. 7. 6.〉

[본조신설 2009. 4. 21.]

[제2조의4에서 이동, 종전 제2조의5는 제2조의6으로 이동 〈2017. 8. 29.〉]

제2조의6(등록 등의 절차) ① 법 제3조제1항 또는 제2항에 따라 대부업 또는 대부중개업(이하 "대부업등"이라 한다)을 등록하려는 자는 금융위원회가 정하여 고시하는 대부업등 등록신청서에 법 제3조제3항제4호에 따른 영업소의 소재지를 증명할 수 있는 서류(등기부등본 또는 임대차 등의 계약서 사본에 한정한다), 제2조의8제5항에 따른 교육이수증 사본(이하 "교육이수증 사본"이라 한다)과 그 밖에 금융위원회가 정하여 고시하는 서류를 첨부하여 영업소의 소재지를 관할하는 특별시장·광역시장·특별자치시장·도지사 또는 특별자치도지사(이하 "시·도지사"라 한다) 또는 금융위원회에 제출하여야 한다. 다만, 법 제3조의4제1항 단서에 해당되어 교육을 받은 경우에는 교육을 받은 날부터 1주일 이내에 교육이수증 사본을 제출하여야 한다. 〈개정 2010. 4. 20., 2014. 4. 1., 2016. 7. 6., 2017. 8. 29., 2018. 11. 13.〉

② 제1항에 따라 제출하는 교육이수증 사본은 등록신청일 전 6개월 이내의 교육에 대한 교육이수증[등록하려는 시·도지사 또는 금융위원회(이하 "시·도지사등"이라 한다)가 교부한 것에 한정되지 아니한다] 사본이어야 한다. 〈개정 2016. 7. 6.〉

③ 법 제3조제2항제5호에서 "대통령령으로 정하는 기준"이란 다음 각 호의 기준을 모두 충족하는 것을 말한다. 〈신설 2016. 7. 6., 2018. 11. 13.〉

1. 직전 사업연도말을 기준으로 자산규모가 100억원을 초과할 것

2. 제1호에 따른 자산 중 대부계약에 따른 채권(이하 “대부채권”이라 한다) 잔액이 50억원 이상일 것

④ 법 제3조제3항 각 호 외의 부분에서 “대통령령으로 정하는 서류”란 다음 각 호의 서류를 말한다. 〈신설 2016. 7. 6.〉

1. 법 제3조의5제1항제1호 또는 같은 조 제2항제2호에 따른 자기자본(법인이 아닌 경우에는 순자산액)을 갖추었음을 증명하는 서류

2. 법 제11조의4제2항에 따라 보증금을 예탁하거나 보험 또는 공제에 가입하였음을 증명하는 서류

3. 그 밖에 법 또는 이 영에 따른 등록요건을 심사하기 위하여 필요한 서류로서 금융위원회가 정하여 고시하는 서류

⑤ 시·도지사에게 등록한 대부업자등이 법 제3조제2항 각 호에 해당하게 되어 등록기관이 금융위원회로 변경되거나 금융위원회에 등록한 대부업자등이 법 제3조제2항 각 호에 해당하지 않게 되어 등록기관이 시·도지사로 변경되는 경우 해당 대부업자등은 그 변경사유의 발생일부터 15일 이내에 현재 등록되어 있는 시·도지사 또는 금융위원회에 금융위원회가 정하여 고시하는 변경신청과 관련된 서류를 제출해야 한다. 〈신설 2016. 7. 6., 2018. 11. 13., 2025. 7. 21.〉

⑥ 법 제3조제4항 각 호 외의 부분에 따른 등록증의 서식은 금융위원회가 정하여 고시한다. 〈개정 2016. 7. 6.〉

⑦ 법 제3조제5항 단서에서 “대통령령으로 정하는 사항”이란 다음 각 호의 사항을 말한다. 〈개정 2016. 7. 6.〉

1. 법 제3조제3항제1호에 따른 등록신청인의 주소

2. 법 제3조제3항제2호에 따른 주주 또는 출자자 및 임원의 주소

3. 법 제3조제3항제3호에 따른 사용인의 주소

⑧ 법 제3조제7항에 따라 등록증을 다시 교부받으려는 자는 금융위원회가 정하여 고시하는 대부업등 등록증 분실신고서를 현재 등록되어 있는 시·도지사등에게 제출하여야 한다. 〈개정 2016. 7. 6.〉

⑨ 제1항 또는 제5항에 따른 등록 등의 절차에 관하여 필요한 사항은 금융위원회가 정하여 고시한다. 〈신설 2016. 7. 6.〉

[전문개정 2009. 4. 21.]

[제2조의5에서 이동, 종전 제2조의6은 제2조의7로 이동 〈2017. 8. 29.〉]

제2조의7(등록갱신 절차) ① 법 제3조의2제1항에 따라 등록갱신을 신청하려는 자는 금융위원회가 정하여 고시하는 대부업등 등록갱신 신청서에 법 제3조제3항제4호에 따른 영업소의 소재지를 증명할 수 있는 서류(등기부등본 또는 임대차 등의 계약서 사본에 한정한다), 교육이수증 사본과 그 밖에 금융위원회가 정하여 고시하는 서류를 첨부하여 현재 등록되어 있는 시·도지사등에게 제출하여야 한다. 〈개정 2010. 4. 20., 2016. 7. 6.〉

② 제1항의 경우에는 제2조의6제1항 단서 및 같은 조 제2항을 준용한다. 〈개정 2017. 8. 29.〉

[본조신설 2009. 4. 21.]

[제2조의6에서 이동, 종전 제2조의7은 제2조의8로 이동 〈2017. 8. 29.〉]

제2조의8(대부업등의 교육) ① 법 제3조의4제1항 단서에서 “대통령

령으로 정하는 부득이한 사유"란 다음 각 호의 어느 하나의 사유를 말한다.

1. 천재지변

2. 본인의 질병 · 사고, 업무상 국외 출장 등 부득이한 사유

3. 교육기관의 인적 · 물적 사정 등으로 교육을 받기 어려운 경우

② 법 제3조의4제1항 단서에서 "대통령령으로 정하는 기간" 이란 1개월을 말한다. 〈개정 2016. 7. 6.〉

③ 법 제3조의4제1항에 따른 대부업등의 준수사항 등에 관한 교육은 시 · 도지사등이 다음 각 호의 구분에 따른 대부업자등의 임직원을 대상으로 실시한다. 〈개정 2018. 11. 13.〉

1. 법 제3조제1항에 따라 대부업등의 등록을 하거나 해당 등록을 법 제3조의2제1항에 따라 갱신하려는 경우: 다음 각 목의 구분에 따른 사람

가. 법인인 대부업자등의 지점: 해당 지점의 업무를 총괄하는 사용인(이하 "업무총괄 사용인"이라 한다)

나. 가목 외의 자: 대표자와 업무총괄 사용인

2. 법 제3조제2항에 따라 대부업등의 등록을 하거나 해당 등록을 법 제3조의2제1항에 따라 갱신하려는 경우: 다음 각 목의 구분에 따른 사람

가. 법인인 대부업자등의 지점: 해당 지점의 업무총괄 사용인

나. 가목 외의 자: 다음의 사람

1) 대표자와 업무총괄 사용인

2) 임직원 총원(대표자 및 업무총괄 사용인을 포함한다)의

100분의 10 이상에 해당하는 수의 임직원

④ 제3항에 따른 교육의 내용은 다음 각 호와 같다. 〈신설 2018. 11. 13.〉

1. 법 제8조에 따른 대부업자의 이자율 제한 및 이자율 계산 방법

2. 법 제12조제9항에 따른 보고서 작성 방법

3. 「채권의 공정한 추심에 관한 법률」에 따른 불법적 채권추심행위의 금지

4. 대부업자등의 광고에 관한 방법

5. 그 밖에 대부업자등이 대부업등을 경영하는 데 필요하다고 판단되는 사항

⑤ 시·도지사등은 제3항에 따른 교육을 받은 사람에게 금융위원회가 정하여 고시하는 교육이수증을 교부하여야 한다. 〈개정 2016. 7. 6., 2018. 11. 13.〉

[본조신설 2009. 4. 21.]

[제2조의7에서 이동, 종전 제2조의8은 제2조의9로 이동 〈2017. 8. 29.〉]

제2조의9(자기자본) ① 법 제3조의5제1항제1호가목에서 "대통령령으로 정하는 금액"이란 3천만원을 말한다. 〈개정 2025. 7. 21.〉

② 법 제3조의5제1항제1호나목에서 "대통령령으로 정하는 금액"이란 다음 각 호의 구분에 따른 금액을 말한다. 〈신설 2025. 7. 21.〉

1. 등록신청인이 법인인 경우: 3억원

2. 등록신청인이 법인이 아닌 경우: 1억원

③ 법 제3조의5제2항제2호가목에서 "대통령령으로 정하는 금액"

이란 1억원을 말한다. 〈신설 2025. 7. 21.〉

④ 법 제3조의5제2항제2호나목에서 “대통령령으로 정하는 금액”이란 3천만원을 말한다. 〈신설 2025. 7. 21.〉

⑤ 법 제3조의5제2항제2호다목에서 “대통령령으로 정하는 금액”이란 다음 각 호의 구분에 따른 금액을 말한다. 〈개정 2018. 11. 13., 2025. 7. 21.〉

1. 등록신청인이 법 제3조제2항제2호에 따라 등록하려는 경우: 5억원

2. 그 밖의 경우: 3억원

⑥ 법 제3조의5제1항제1호 및 같은 조 제2항제2호에 따른 자기자본(법인이 아닌 경우에는 순자산액)의 산정방법은 금융위원회가 정하여 고시한다. 〈개정 2025. 7. 21.〉

[본조신설 2016. 7. 6.]

[제2조의8에서 이동, 종전 제2조의9는 제2조의10으로 이동 〈2017. 8. 29.〉]

제2조의10(고정사업장 등) 법 제3조의5제1항제3호에서 “대통령령으로 정하는 고정사업장, 인력과 전산설비 등”이란 다음 각 호의 것을 말한다.

1. 건축물대장에 기재된 건물(「건축법」 제2조제2항제1호에 따른 단독주택, 같은 항 제2호에 따른 공동주택 및 같은 항 제15호에 따른 숙박시설은 제외한다)에 대하여 소유, 임차 또는 사용대차 등의 방법으로 6개월 이상의 사용권을 확보한 장소

2. 다음 각 목의 전산설비와 시스템(법 제3조제2항제6호에 따른

대부중개업을 등록하려는 자만 해당한다)

가. 컴퓨터 등 정보통신 설비(전자적 업무처리에 필요한 설비, 통신수단 및 사무장비를 포함한다)

나. 대부중개업무 관련 자료의 보관 및 손실을 방지하는 설비

다. 전산설비 등을 안전하게 보호하는 설비

라. 개인정보 등 전산자료의 안전한 처리·보관 및 전자적 침해사고 대응 등을 위한 시스템

3. 제2호의 전산설비와 시스템을 운용·유지·관리하는 전문인력 1명 이상(법 제3조제2항제6호에 따른 대부중개업을 등록하려는 자만 해당한다)

4. 제2호의 전산설비와 시스템 관리방안(법 제3조제2항제6호에 따른 대부중개업을 등록하려는 자만 해당한다)

5. 그 밖에 금융위원회가 정하여 고시하는 것

[전문개정 2025. 7. 21.]

제2조의11(겸업금지업종 등) ① 법 제3조의5제2항제5호에서 "대통령령으로 정하는 업"이란 다음 각 호의 어느 하나에 해당하는 업을 말한다. 〈개정 2017. 8. 29., 2019. 6. 25.〉

1. 「전기통신사업법」에 따른 전기통신사업 중 다음 각 목의 어느 하나에 해당하는 업

가. 「전기통신사업법」 제5조제2항에 따른 기간통신사업

나. 삭제 〈2019. 6. 25.〉

다. 「전기통신사업법」 제5조제3항에 따른 부가통신사업 중 이해상충 가능성이 있거나 대부업 이용자의 권익 및 신용질서를 저해

할 우려가 있는 업종으로서 금융위원회가 구체적으로 정하여 고시하는 업

2. 「사행산업통합감독위원회법」에 따른 사행산업

3. 「식품위생법 시행령」에 따른 단란주점영업 및 유흥주점영업

4. 「방문판매 등에 관한 법률」에 따른 다단계판매업

5. 그 밖에 이해상충 가능성이 있거나 대부업 이용자의 권익 및 신용질서를 현저히 저해할 우려가 있는 업종으로서 금융위원회가 정하여 고시하는 업

② 법 제3조의5제2항제6호에서 "대통령령으로 정하는 자"란 다음 각 호의 어느 하나에 해당하는 자를 말한다. 다만, 제1호의 경우 법인의 성격 등을 고려하여 금융위원회가 정하여 고시하는 자는 제외한다.

1. 최대주주인 법인의 최대주주(최대주주인 법인을 사실상 지배하는 자가 그 법인의 최대주주와 다른 경우에는 그 사실상 지배하는 자를 포함한다)

2. 최대주주인 법인의 대표자

③ 법 제3조의5제2항제6호 및 제7호에서 "대통령령으로 정하는 사회적 신용을 갖출 것"이란 각각 다음 각 호의 요건을 모두 갖춘 경우를 말한다. 다만, 다음 각 호의 위반 정도 등이 경미하다고 인정되는 경우는 사회적 신용을 갖춘 것으로 본다. 〈개정 2017. 8. 29., 2018. 11. 13., 2020. 8. 4., 2021. 12. 28.〉

1. 최근 5년간 법, 이 영, 금융관련법령(제2조의12에 따른 금융관련법령을 말한다. 이하 같다), 「독점규제 및 공정거래에 관한 법률」

또는「조세범 처벌법」을 위반하여 벌금형 이상에 상당하는 형사처벌을 받은 사실이 없을 것

2. 최근 5년간「신용정보의 이용 및 보호에 관한 법률」제25조제2항제1호에 따른 종합신용정보집중기관에 금융질서 문란정보 거래처 또는 약정한 기일 내에 채무를 변제하지 아니한 자로 등록된 사실이 없을 것

3.「금융산업의 구조개선에 관한 법률」에 따라 부실금융기관으로 지정되었거나 법, 이 영 또는 금융관련법령에 따라 영업의 허가·인가·등록 등이 취소된 금융기관의 대주주 또는 그의 특수관계인(부실금융기관으로 지정되거나 영업의 허가 등이 취소될 당시「독점규제 및 공정거래에 관한 법률 시행령」제5조제1항제2호가목에 따른 독립경영자에 해당하거나 같은 목에 따라 공정거래위원회로부터 동일인관련자의 범위에서 분리되었다고 인정을 받은 자는 제외한다)이 아닐 것. 다만, 대주주 또는 그의 특수관계인으로서 법원의 판결에 따라 부실책임이 없다고 인정된 자 또는 부실에 따른 경제적 책임을 부담하는 등 금융위원회가 정하여 고시하는 기준에 해당하는 자는 제외한다.

4. 그 밖에 금융위원회가 정하여 고시하는 건전한 금융거래질서를 해친 사실이 없을 것

[본조신설 2016. 7. 6.]

[제2조의10에서 이동, 종전 제2조의11은 제2조의12로 이동 〈2017. 8. 29.〉]

제2조의12(금융관련법령) 법 제4조제1항제8호에서 "대통령령으로

정하는 금융관련 법령"이란 다음 각 호의 법률을 말한다. 〈개정 2016. 8. 31., 2018. 10. 30., 2019. 6. 25., 2020. 3. 31., 2020. 8. 25., 2021. 3. 23., 2022. 2. 17., 2022. 8. 23., 2023. 12. 5., 2025. 7. 21.〉

1. 삭제 〈2019. 6. 25.〉
2. 「공인회계사법」
3. 「근로자퇴직급여 보장법」
4. 「한국자산관리공사 설립 등에 관한 법률」
5. 「금융산업의 구조개선에 관한 법률」

5의2. 「금융소비자 보호에 관한 법률」

6. 「금융실명거래 및 비밀보장에 관한 법률」
7. 「금융위원회의 설치 등에 관한 법률」
8. 「금융지주회사법」
9. 「기술신용보증기금법」
10. 「농업협동조합법」
11. 「담보부사채신탁법」
12. 「문화산업진흥 기본법」
13. 「벤처투자 촉진에 관한 법률」
14. 「보험업법」
15. 「감정평가 및 감정평가사에 관한 법률」
16. 「부동산투자회사법」
17. 「사회기반시설에 대한 민간투자법」
18. 「산업발전법」

19. 「상호저축은행법」

20. 「선박투자회사법」

21. 「새마을금고법」

22. 「소재·부품·장비산업 경쟁력 강화 및 공급망 안정화를 위한 특별조치법」

23. 「수산업협동조합법」

24. 「신용보증기금법」

25. 「신용정보의 이용 및 보호에 관한 법률」

26. 「신용협동조합법」

27. 「여신전문금융업법」

28. 「예금자보호법」

28의2. 「온라인투자연계금융업 및 이용자 보호에 관한 법률」

29. 「외국인투자 촉진법」

30. 「외국환거래법」

31. 「유사수신행위의 규제에 관한 법률」

32. 「은행법」

33. 「이자제한법」

34. 「자본시장과 금융투자업에 관한 법률」

35. 「자산유동화에 관한 법률」

36. 「전자금융거래법」

36의2. 「주식·사채 등의 전자등록에 관한 법률」

37. 「주식회사 등의 외부감사에 관한 법률」

38. 「주택법」

39. 「중소기업은행법」

40. 삭제 〈2022. 8. 23.〉

41. 「채권의 공정한 추심에 관한 법률」

42. 「특정 금융거래정보의 보고 및 이용 등에 관한 법률」

43. 「한국산업은행법」

44. 「한국수출입은행법」

45. 「한국은행법」

46. 「한국주택금융공사법」

47. 「해외자원개발 사업법」

48. 그 밖에 금융위원회가 정하여 고시하는 법률

[본조신설 2016. 7. 6.]

[제2조의11에서 이동 〈2017. 8. 29.〉]

제3조(변경등록 등) ① 법 제5조제1항 본문에 따라 변경등록을 하려는 대부업자등은 금융위원회가 정하여 고시하는 대부업등 변경등록 신청서에 변경 사항을 증명하는 서류를 첨부하여 현재 등록되어 있는 시·도지사등에게 제출하여야 한다. 〈개정 2016. 7. 6.〉

② 법 제5조제1항 단서에서 "대통령령으로 정하는 경미한 사항이 변경된 경우"란 다음 각 호의 어느 하나에 해당하는 경우를 말한다. 〈개정 2014. 9. 3., 2016. 7. 6., 2018. 11. 13.〉

1. 대표자, 임원, 출자자 및 업무총괄 사용인의 주소가 변경된 경우

2. 출자총액이 100분의 5 이하인 출자자의 명칭 또는 성명 및 지분율이 변경된 경우

3. 둘 이상의 영업소를 설치한 경우로서 영업소의 명칭 또는 소

재지가 변경된 경우(명칭 또는 소재지가 변경된 해당 영업소는 제외한다)

4. 자기자본(법인이 아닌 경우에는 순자산액)의 변경사항이 법 제12조제9항에 따른 보고서에 반영되어 제출되는 경우

③ 법 제5조제2항에 따라 폐업하려는 대부업자등은 폐업한 날부터 15일 이내에 금융위원회가 정하여 고시하는 대부업등 폐업신고서(「전자문서 및 전자거래 기본법」 제2조제1호에 따른 전자문서를 포함한다)를 현재 등록되어 있는 시ㆍ도지사등에게 제출하여야 한다. 〈개정 2012. 8. 31., 2016. 7. 6.〉

④ 제1항부터 제3항까지에서 규정한 사항 외에 법 제5조에 따른 변경등록 및 폐업신고에 관하여 필요한 사항은 금융위원회가 정하여 고시한다. 〈신설 2016. 7. 6.〉

[전문개정 2009. 4. 21.]

제3조의2(상호 등) ① 법 제5조의2제3항에서 "대통령령으로 정하는 기준"이란 총영업수익 중 대부업등에서 생기는 영업수익의 비율이 100분의 50 미만인 경우를 말한다.

② 제1항에 해당하여 상호(商號) 중에 "대부" 또는 "대부중개"라는 문자를 사용하지 아니한 대부업자등이 대부업등과 관련하여 광고 등의 영업행위를 할 때에는 상호와 함께 "대부" 또는 "대부중개"라는 글자를 쉽게 알아볼 수 있도록 적어야 한다.

③ 제1항의 영업수익의 비율은 직전 사업연도 말 손익계산서를 기준으로 하여 대부업등에서는 이자수익, 대부업등 외의 영업에서는 매출액으로 계산한다. 이 경우 유가증권에 대한 투자 및 금융회사에

의 예치금 등 금융상품의 운용에 따른 수익은 영업수익의 비율 계산에서 제외한다.

[본조신설 2009. 4. 21.]

제3조의3(업무총괄 사용인의 업무범위) 법 제5조의3제2항에 따른 업무총괄 사용인의 업무범위는 다음 각 호와 같다.

1. 대부업자의 업무총괄 사용인

가. 대부계약의 체결 및 이행에 관한 업무

나. 채권추심에 관한 업무

다. 민원의 상담 · 처리에 관한 업무

라. 광고 등을 통한 거래상대방 모집에 관한 업무

마. 그 밖에 거래상대방의 편의를 위하여 대부업자를 갈음하여 행하는 영업에 관한 업무

2. 대부중개업자의 업무총괄 사용인

가. 대부계약의 중개에 관한 업무

나. 대부업자와의 중개계약 체결 및 이행에 관한 업무

다. 민원의 상담 · 처리에 관한 업무

라. 광고 등을 통한 거래상대방 모집에 관한 업무

마. 그 밖에 거래상대방의 편의를 위하여 대부중개업자를 갈음하여 행하는 영업에 관한 업무

[본조신설 2013. 6. 11.]

제4조(대부계약서 등의 기재사항) ① 법 제6조제1항제12호 및 같은 조 제3항제7호에서 "대통령령으로 정하는 사항"이란 다음 각 호의 사항을 말한다. 〈개정 2010. 4. 20., 2011. 11. 30.〉

1. 대부업등 등록번호

2. 삭제 〈2010. 4. 20.〉

3. 기한의 이익 상실에 관한 약정이 있는 경우에는 그 내용

4. 대부원리금의 변제 순서에 관한 약정이 있는 경우에는 그 내용

5. 채무 및 보증채무와 관련된 증명서의 발급비용과 발급기한

② 법 제6조제5항 및 같은 조 제6항 전단에서 “대통령령으로 정하는 계약관계서류”란 다음 각 호의 서류를 말한다.

1. 대부계약대장

2. 채무자와 날짜별로 원리금 및 부대비용을 주고 받은 내역

3. 담보 관련 서류 등 거래상대방(보증인을 포함한다)이 대부계약 또는 그와 관련된 보증계약의 체결과 관련하여 제출한 서류(채무자가 채무를 변제하고 관련 서류의 반환을 서면으로 요구하여 반환한 경우에는 그 반환요구서)

[전문개정 2009. 4. 21.]

제4조의2(중요 사항의 자필 기재) ①법 제6조의2제1항제4호 및 같은 조 제2항제4호에서 “대통령령으로 정하는 사항”이란 연체이자율을 말한다. 〈개정 2016. 7. 6.〉

② 법 제6조의2제3항제2호에서 “음성 녹음 등 대통령령으로 정하는 방법”이란 다음 각 호의 사항을 모두 충족하는 방법을 말한다. 〈신설 2016. 7. 6.〉

1. 유무선 통신을 이용하여 거래상대방이 본인인지 여부와 법 제6조의2제1항 각 호의 사항에 관하여 질문 또는 설명하고 그에 대한 거래상대방의 답변 또는 확인내용을 음성 녹음할 것

2. 제1호에 따른 음성 녹음 내용을 다음 각 목의 방법 중 거래상대방이 요청하는 방법으로 확인할 수 있도록 할 것. 이 경우 대부업자는 거래상대방에게 서면확인서를 요청할 수 있음을 대부계약 체결 전에 알려야 한다.

가. 전화

나. 인터넷 홈페이지

다. 서면확인서

[본조신설 2009. 4. 21.]

제4조의3(과잉 대부의 금지) ① 법 제7조제1항 본문에서 "대통령령으로 정하는 증명서류"란 다음 각 호의 구분에 따른 서류를 말한다. 〈개정 2013. 6. 28., 2018. 10. 30., 2018. 11. 13., 2020. 8. 4.〉

1. 거래상대방이 개인인 경우

가. 「소득세법」 제143조에 따른 근로소득 원천징수영수증, 같은 법 제144조에 따른 사업소득 원천징수영수증, 소득금액증명원, 급여통장 사본, 연금증서 중 어느 하나의 소득증명서류

나. 법 제6조제6항 전단에 따른 증명서로서 부채 잔액 증명서[「신용정보의 이용 및 보호에 관한 법률」에 따른 개인신용평가회사, 개인사업자신용평가회사, 기업신용조회회사(기업정보조회업무만을 하는 기업신용조회회사는 제외한다) 또는 같은 법 제25조제2항제1호에 따른 종합신용정보집중기관을 통한 신용정보조회(이하 "신용정보조회"라 한다) 결과를 제출하지 아니하는 경우만 해당한다]

다. 부동산 등기권리증, 부동산 임대차계약서 등 재산상 권리관

계를 증명할 수 있는 서류(담보대출인 경우만 해당한다)

라. 신용정보조회 결과(법 제3조제2항에 따라 등록한 대부업자가 대부계약을 체결하려는 경우만 해당한다)

마. 그 밖에 소득, 재산 및 부채상황을 파악할 수 있는 서류

2. 거래상대방이 법인인 경우

가. 감사보고서(「주식회사 등의 외부감사에 관한 법률」 제4조에 따른 외부감사의 대상인 법인만 해당한다)

나. 「부가가치세법 시행령」 제11조제5항에 따른 사업자등록증, 지방세 세목별 과세증명서 및 지방세 납세증명서

다. 제1호나목, 다목 및 마목의 서류

② 법 제7조제1항 단서에서 "대통령령으로 정하는 금액"이란 다음 각 호의 금액을 말한다. 이 경우 금액은 해당 대부업자가 대부계약을 체결하려는 거래상대방에게 이미 대부한 금액의 잔액과 새로 대부계약을 체결하려는 금액을 합하여 산정한다. 〈개정 2010. 4. 20., 2011. 11. 30., 2018. 11. 13.〉

1. 거래상대방이 29세 이하이거나 70세 이상인 경우: 100만원

2. 제1호 외의 거래상대방인 경우: 300만원

[본조신설 2009. 4. 21.]

제4조의4(총자산한도) ① 법 제7조의3제1항에서 "대통령령으로 정하는 배수"란 10배를 말한다.

② 법 제7조의3제2항의 총자산한도는 「상법」 제30조제2항에 따른 대차대조표상 자산을 기준으로 산정한다. 〈개정 2017. 8. 29., 2025. 7. 21.〉

[본조신설 2016. 7. 6.]

제5조(이자율의 제한) ① 삭제 〈2017. 8. 29.〉

② 법 제8조제1항에서 “대통령령으로 정하는 율”이란 연 100분의 20을 말한다. 〈개정 2017. 8. 29., 2017. 11. 7., 2021. 4. 6.〉

③ 제2항의 율을 월 또는 일 기준으로 적용하는 경우에는 연 100분의 20을 단리로 환산한다. 〈개정 2017. 8. 29., 2017. 11. 7., 2021. 4. 6.〉

④ 법 제8조제2항 단서에서 “대통령령으로 정한 사항”이란 다음 각 호의 비용을 말한다. 〈개정 2020. 8. 4.〉

1. 담보권 설정비용

2. 신용조회비용(「신용정보의 이용 및 보호에 관한 법률」에 따른 개인신용평가회사, 개인사업자신용평가회사 또는 기업신용조회회사에 거래상대방의 신용을 조회하는 경우만 해당한다)

⑤ 법 제8조제3항에서 “대통령령으로 정하는 율”이란 금융위원회가 대부자금의 조달비용, 연체금의 관리비용, 연체금액, 연체기간, 대부계약의 특성 등을 고려하여 정하는 연체이자율을 말한다. 이 경우 연 100분의 20을 초과할 수 없다. 〈신설 2019. 5. 21., 2021. 4. 6.〉

[전문개정 2014. 4. 1.]

제5조의2(대부계약 전부가 무효가 되는 대부이자율) ① 법 제8조의2제1항제4호에서 “대통령령으로 정하는 율” 이란 연 100분의 60을 말한다.

② 제1항의 율을 월 또는 일 기준으로 적용하는 경우에는 연

100분의 60을 단리로 환산한다.

[본조신설 2025. 7. 21.]

제6조(대부조건의 게시 등) ① 법 제9조제1항에서 "대통령령으로 정하는 중요 사항"이란 다음 각 호의 사항을 말한다.

1. 대부업 등록번호
2. 삭제 〈2010. 4. 20.〉
3. 대부계약과 관련한 부대비용의 내용

② 법 제9조제2항제6호에서 "대통령령으로 정하는 사항"이란 다음 각 호의 사항을 말한다. 〈개정 2011. 11. 30., 2014. 4. 1., 2016. 7. 6., 2017. 10. 17., 2020. 8. 4.〉

1. 영업소의 주소와 법 제3조제3항제6호에 따라 등록된 표시 또는 광고(「표시ㆍ광고의 공정화에 관한 법률」에 따른 표시 또는 광고를 말한다. 이하 "광고"라 한다)에 사용되는 전화번호[2 이상의 특별시ㆍ광역시ㆍ특별자치시ㆍ도 또는 특별자치도(이하 "시ㆍ도"라 한다)에 영업소를 설치한 대부업자인 경우에는 본점의 주소와 광고에 사용되는 전화번호를 말한다]
2. 현재 등록되어 있는 시ㆍ도 또는 금융위원회(이하 "시ㆍ도등"이라 한다)의 명칭과 등록정보를 확인할 수 있는 시ㆍ도등의 전화번호
3. 과도한 채무의 위험성 및 대부계약과 관련된 신용등급 또는 개인신용평점의 하락 가능성을 알리는 별표 1 제2호가목에 따른 경고문구

③ 법 제9조제3항제6호에서 "대통령령으로 정하는 사항"이란 다

음 각 호의 사항을 말한다. 〈개정 2011. 11. 30., 2016. 7. 6., 2017. 10. 17., 2020. 8. 4.〉

1. 영업소의 주소와 법 제3조제3항제6호에 따라 등록된 광고에 사용되는 전화번호(2 이상의 시·도에 영업소를 설치한 대부중개업자인 경우에는 본점의 주소와 광고에 사용되는 전화번호를 말한다)

2. 현재 등록되어 있는 시·도등의 명칭과 등록정보를 확인할 수 있는 시·도등의 전화번호

3. "중개수수료를 요구하거나 받는 것은 불법"이라는 문구

4. 과도한 채무의 위험성 및 대부계약과 관련된 신용등급 또는 개인신용평점의 하락 가능성을 알리는 별표 1 제2호가목에 따른 경고문구

[전문개정 2009. 4. 21.]

제6조의2(대부업자등의 광고) 법 제9조제4항에서 "대통령령으로 정하는 방식"이란 다음 각 호의 방식을 말한다. 〈개정 2011. 11. 30., 2016. 7. 6.〉

1. 대부업자등의 상호의 글자는 상표의 글자보다 크게 하고, 쉽게 알아볼 수 있도록 할 것

2. 등록번호, 전화번호, 대부이자율, 대부계약과 관련된 부대비용, 제6조제2항제3호 및 제3항제3호·제4호의 문구는 상호의 글자와 글자 크기를 같거나 크게 하고, 그 밖의 광고사항과 쉽게 구별할 수 있도록 할 것

3. 별표 1에 따른 대부업자등의 광고 표시기준을 준수할 것

[본조신설 2009. 4. 21.]

제6조의3(대부업자등의 허위·과장 광고) 법 제9조의3제1항제3호에서 “대통령령으로 정하는 광고 행위”란 다음 각 호의 어느 하나에 해당하는 광고 행위를 말한다.

1. 다른 법률에 따라 허가·인가·등록 등을 받은 금융기관으로 오인될 수 있는 표현 등을 사용하는 광고 행위

2. 서민금융상품(서민 등 금융 소외계층을 지원하기 위한 상품으로서 금융위원회가 정하여 고시하는 상품을 말한다)으로 오인될 수 있는 표현 등을 사용하는 광고 행위

[전문개정 2013. 6. 11.]

제6조의4(불법사금융업자 등에 대한 채권양도 금지) 법 제9조의4제3항에서 “대부업자, 여신금융기관 등 대통령령으로 정한 자”란 다음 각 호의 자를 말한다. 〈개정 2022. 2. 17., 2024. 1. 9.〉

1. 법 제3조제2항제2호에 따라 등록한 대부업자

2. 여신금융기관

3. 「예금자보호법」에 따른 예금보험공사 및 정리금융회사

4. 「한국자산관리공사 설립 등에 관한 법률」에 따른 한국자산관리공사

5. 「한국주택금융공사법」에 따른 한국주택금융공사

6. 외국 법령에 따라 설립되어 외국에서 여신금융기관이 영위하는 업(業)에 상당하는 업을 영위하는 자로서 금융위원회가 정하여 고시하는 경우에 해당하는 자

7. 그 밖에 제1호부터 제6호까지에 준하는 자로서 금융위원회가 정하여 고시하는 자

[본조신설 2016. 7. 6.]

[제목개정 2025. 7. 21.]

[종전 제6조의4는 제6조의5로 이동 〈2016. 7. 6.〉]

제6조의5(불법 대부행위 등에 사용된 전화번호의 이용중지 등) ① 법 제9조의6제1항에서 "시·도지사 등 대통령령으로 정하는 자"란 다음 각 호의 자를 말한다. 〈개정 2023. 6. 13.〉

1. 시·도지사
2. 검찰총장
3. 경찰청장
4. 금융감독원장(「금융위원회의 설치 등에 관한 법률」에 따른 금융감독원의 원장을 말한다. 이하 같다)
5. 「서민의 금융생활 지원에 관한 법률」 제3조에 따른 서민금융진흥원의 원장

② 법 제9조의6제1항 또는 제2항에 따른 요청으로 전기통신역무 제공이 중지된 이용자가 같은 조 제3항에 따라 이의신청을 하려면 전기통신역무 제공이 중지된 날부터 30일 이내에 다음 각 호의 사항을 적은 문서를 같은 조 제1항 또는 제2항에 따른 전기통신역무 제공의 중지를 요청한 기관(이하 이 조에서 "제공중지요청기관"이라 한다)에 제출하여야 한다.

1. 이의신청인의 명칭 또는 성명과 주소 및 연락처
2. 이의신청의 사유
3. 전기통신역무 제공이 중지된 날

③ 제공중지요청기관은 제2항에 따라 이의신청을 받은 날부터 15

일 이내에 그 이의신청에 대하여 결정을 하고 그 결과를 이의신청인에게 문서로 통지하여야 한다. 다만, 부득이한 사유로 그 기간 이내에 결정을 할 수 없을 때에는 15일의 범위에서 그 기간을 연장할 수 있으며, 연장사유와 연장기간을 이의신청인에게 통지하여야 한다.

④ 제공중지요청기관은 제2항에 따라 제출된 문서에 흠결이 있거나 추가적인 사실 확인이 필요한 경우 보완을 요청할 수 있다. 이 경우 그 보완에 소요된 기간은 제3항 본문의 기간에 산입(算入)되지 아니한다.

⑤ 제공중지요청기관은 법 제9조의6제3항에 따른 이의신청이 이유가 있다고 인정할 때에는 지체 없이 과학기술정보통신부장관에게 해당 전기통신역무 제공의 중지를 해제하도록 요청하여야 한다. 〈개정 2017. 7. 26.〉

⑥ 법 제9조의6제4항에서 "시ㆍ도지사 등 대통령령으로 정하는 자"란 제1항 각 호의 자를 말한다. 〈신설 2025. 7. 21.〉

⑦ 법 제9조의6제4항에 따른 신고를 하려는 자는 별지 제1호서식의 불법 대부행위 등에 사용된 전화번호 신고서를 제1항 각 호의 어느 하나에 해당하는 자에게 제출해야 한다. 다만, 긴급하거나 부득이한 경우에는 전화 또는 구두로 신고할 수 있다. 〈신설 2025. 7. 21.〉

[본조신설 2014. 9. 3.]

[제목개정 2025. 7. 21.]

[제6조의4에서 이동, 종전 제6조의5는 제6조의8로 이동 〈2016.

7. 6.〉]

제6조의6(대부업 이용자 보호기준) ① 법 제9조의7제1항에서 "대통령령으로 정하는 자산규모"란 다음 각 호의 금액을 말한다. 〈개정 2018. 11. 13.〉

1. 법 제3조제2항제2호에 따라 등록하여 대부채권매입추심을 업으로 하려는 대부업자: 직전 사업연도말 기준으로 10억원

2. 그 밖의 대부업자등: 직전 사업연도말 기준으로 500억원

② 법 제9조의7제1항에 따른 보호기준(이하 "보호기준"이라 한다)에는 다음 각 호의 사항이 포함되어야 한다. 〈개정 2018. 11. 13.〉

1. 업무의 분장 및 조직구조에 관한 사항

2. 임직원이 업무를 수행할 때 준수하여야 하는 절차에 관한 사항

3. 임직원의 보호기준 준수 여부를 확인하는 절차 및 방법과 보호기준을 위반한 임직원의 처리에 관한 사항

4. 보호기준의 제정 또는 변경 절차에 관한 사항

5. 법 제9조의7제2항에 따른 보호감시인(이하 "보호감시인"이라 한다)의 임면절차에 관한 사항

6. 대부채권 추심 관련 불법행위를 방지하기 위한 채권의 추심·관리·매매 등에 대한 절차나 기준에 관한 사항

7. 채무자 보호를 위한 대출채권의 소멸시효 관리 등에 관한 사항

8. 그 밖에 대부업 이용자 보호를 위하여 필요한 사항으로서 금융위원회가 정하여 고시하는 사항

③ 대부업자등이 보호기준을 제정하거나 변경하려는 경우에는 이사회의 결의를 거쳐야 한다. 다만, 이사회가 없는 경우에는 그러하

지 아니하다.

④ 금융위원회는 법 제12조에 따른 검사 결과 법령을 위반한 사실이 드러난 대부업자등에 대해서는 법령 위반행위의 재발 방지를 위하여 보호기준의 변경을 권고할 수 있다.

⑤ 보호감시인은 다음 각 호의 업무를 수행한다.

1. 대부업 이용자 보호를 위한 계획의 수립

2. 법령 준수 여부와 관련한 영업실태와 관행에 대한 정기적인 점검 및 개선

3. 임직원에 대한 교육 계획의 수립

4. 그 밖에 대부업 이용자 보호를 위하여 금융위원회가 정하여 고시하는 사항

⑥ 보호감시인은 다른 영리법인의 상시적인 업무에 종사할 수 없다.

⑦ 보호감시인은 선량한 관리자의 주의로 그 직무를 수행하여야 하며, 다음 각 호의 어느 하나에 해당하는 업무를 수행하는 직무를 담당해서는 아니 된다. 다만, 직전 사업연도 말 기준으로 대부거래자 수가 1천명 미만인 대부업자등에 두는 보호감시인은 다음 각 호의 어느 하나에 해당하는 업무를 수행하는 직무를 담당할 수 있다.

1. 자산운용에 관한 업무

2. 법 제2조제1호 또는 제2호에 따라 대부업자등이 수행하는 업무 및 그 부수업무

⑧ 제1항부터 제7항까지에서 규정한 사항 외에 보호기준 및 보호감시인에 관하여 필요한 사항은 금융위원회가 정하여 고시한다.

[본조신설 2016. 7. 6.]

제6조의7(대주주와의 거래제한 등) ① 법 제10조제1항에서 "대통령령으로 정하는 것"이란 다음 각 호의 것을 말한다.

1. 대주주(그의 특수관계인을 포함한다. 이하 이 조에서 같다)를 위하여 담보를 제공하는 거래

2. 대주주를 위하여 어음을 배서(「어음법」 제15조제1항에 따른 담보적 효력이 없는 배서는 제외한다)하는 거래

3. 대주주에 대하여 출자의 이행을 약정하는 거래

4. 부동산, 증권 등 경제적 가치가 있는 재산의 대여

5. 대부, 지급보증, 자금 지원적 성격의 유가증권의 매입

6. 제1호부터 제5호까지의 어느 하나에 해당하는 거래의 제한을 회피할 목적으로 하는 거래로서 다음 각 목의 어느 하나에 해당하는 거래

가. 제3자와의 계약 또는 담합 등에 의하여 서로 교차하는 방법으로 하는 거래

나. 장외파생상품거래, 신탁계약 또는 연계거래 등을 이용하는 거래

7. 대부업자가 직접적으로 제1호부터 제6호까지에 해당하는 거래를 한 것은 아니나 실질적으로 그에 해당하는 결과를 가져올 수 있는 거래

② 금융위원회는 다음 각 호의 어느 하나에 해당하는 거래에 대해서는 제1항에도 불구하고 이를 신용공여의 범위에 포함시키지 아니할 수 있다.

1. 대부업자에게 손실을 끼칠 가능성이 매우 적은 것으로 판단되

는 거래

2. 금융시장에 미치는 영향 등 해당 거래의 상황에 비추어 신용공여의 범위에 포함시키지 아니하는 것이 타당하다고 판단되는 거래

③ 법 제10조제2항에서 "대통령령으로 정하는 금액"이란 금융위원회가 정하는 기준에 따른 단일거래금액이 자기자본의 1만분의 10에 해당하는 금액 또는 10억원 중 적은 금액을 말한다.

④ 법 제10조제3항에서 "대통령령으로 정하는 기간"이란 1년을 말한다.

[본조신설 2016. 7. 6.]

제6조의8(중개수수료의 제한 등) ① 법 제11조의2제3항에서 "대통령령으로 정하는 소규모 법인"이란 「중소기업기본법」 제2조제2항에 따른 소기업에 해당하는 법인을 말한다.

② 법 제11조의2제3항에서 "대통령령으로 정하는 율에 해당하는 금액"이란 다음 표의 구분에 따른 금액을 말한다. 〈개정 2018. 11. 13., 2021. 8. 17.〉

대부금액	중개수수료 금액
5백만원 이하	대부금액의 100분의 3에 해당하는 금액
5백만원 초과	15만원 + 대부금액 중 5백만원을 초과하는 금액의 100분의 2.25에 해당하는 금액

③ 법 제11조의2제7항에 따른 대부업 이용 시 유의사항 등을 안내하는 방안에는 다음 각 호의 유의사항과 안내방안이 포함되어야 한다. 〈신설 2025. 7. 21.〉

1. 대부업자 및 대부계약에 관한 다음 각 목의 유의사항

가. 대부중개를 위탁한 대부업자의 목록 및 연락처와 대부업 등

록 여부를 확인하는 방법에 관한 사항

나. 법 제6조, 제6조의2, 제8조 및 제8조의2에 따른 대부계약 체결 절차, 이자율 제한 및 대부계약의 효력 등에 관한 사항

다. 법 제9조의6, 제9조의9 및 제11조에 따른 불법대부행위등에 사용된 전화번호의 이용중지, 대부업 이용자의 개인정보 보호 및 불법사금융업자와의 계약 효력에 관한 사항

라. 법 제11조의4에 따른 대부업자등의 거래상대방에 대한 배상책임에 관한 사항

마. 그 밖에 대부업 이용자 보호에 필요한 사항으로서 금융위원회가 정하여 고시하는 사항

2. 제1호에 따른 유의사항을 인터넷 홈페이지 게시, 전화, 서면, 문자 메시지, 전자우편, 팩스 등의 방법으로 대부업등을 이용하려는 자에게 대부업등을 이용하기 전에 안내하는 방안

[본조신설 2013. 6. 11.]

[제목개정 2025. 7. 21.]

[제6조의5에서 이동 〈2016. 7. 6.〉]

제6조의9(손해배상책임의 이행을 위한 보증금 예탁 등) ① 대부업자등은 법 제11조의4제2항에 따라 다음 각 호의 구분에 따른 금액 이상을 법 제18조의2제1항에 따른 대부업 및 대부중개업 협회(이하 "협회"라 한다)에 보증금으로 예탁하거나 해당 금액을 최소 보장금액으로 하는 보험 또는 공제에 가입하고 등록기간 동안 이를 계속하여 유지하여야 한다.

1. 시·도지사에게 등록한 경우: 1천만원

2. 금융위원회에 등록한 경우: 5천만원

② 시·도지사등은 대부업자등의 거래규모, 법령 위반 등을 고려하여 대부업 이용자 보호를 위하여 필요하다고 인정하는 경우에는 제1항 각 호에 따른 금액의 증액을 명할 수 있다.

③ 대부업자등은 다음 각 호에 해당하는 사유가 발생한 날부터 3년의 범위에서 대부계약에 따른 거래를 종결하기 전까지 제1항 또는 제2항에 따른 보증금의 예탁이나 보험 또는 공제의 가입을 유지하여야 한다. 다만, 대부업자등의 불법행위로 인한 손해배상책임과 관련한 소송이 진행 중인 경우에는 해당 소송의 확정판결에 따른 보증금이나 보험 또는 공제의 지급이 종료되는 날까지 보증금의 예탁이나 보험 또는 공제의 가입을 유지하여야 한다.

1. 법 제3조제6항에 따른 등록의 유효기간이 만료되었으나 갱신등록을 하지 아니한 경우

2. 법 제5조제2항에 따라 폐업신고를 한 경우

3. 법 제13조제2항에 따라 등록취소 처분을 받은 경우

④ 제1항부터 제3항까지의 규정에 따른 보증금 예탁 등의 절차에 관하여 필요한 사항은 금융위원회가 정하여 고시한다.

[본조신설 2016. 7. 6.]

제7조(금융감독원장에 대한 검사 요청 대상) 법 제12조제3항에서 “대통령령으로 정하는 경우”란 다음 각 호의 어느 하나에 해당하는 경우를 말한다. 〈개정 2010. 4. 20., 2016. 7. 6.〉

1. 삭제 〈2016. 7. 6.〉

2. 매월 말을 기준으로 대부업자등의 월평균 대부금액의 잔액이

금융위원회가 정하는 금액을 초과하는 경우

3. 대부업자등의 영업행위가 법령에 위반되는 경우

4. 동일인이 2 이상의 등록업체의 대주주인 경우 등 분사(分社) 등의 수단을 통하여 법 제12조제2항에 따른 금융감독원장의 검사를 피하려는 의도가 있다고 의심되는 경우

5. 대부업자등의 영업행위가 거래상대방(대부계약과 관련된 보증계약을 체결하는 경우에는 보증인을 포함한다)에게 불이익을 줄 가능성이 크고 「금융위원회의 설치 등에 관한 법률」 제38조에 따라 금융감독원의 검사를 받는 기관(이하 "금융기관"이라 한다)과 연계되어 있는 경우

[전문개정 2009. 4. 21.]

제7조의2(대부업자등의 보고서 제출) ① 법 제12조제9항에 따라 대부업자등은 금융위원회가 정하여 고시하는 보고서를 6월 30일 및 12월 31일을 기준으로 작성하여 그 기준일의 다음 달 말일까지 관할 시 · 도지사등에게 제출하여야 한다. 〈개정 2016. 7. 6.〉

② 법 제12조제9항제1호다목 및 같은 항 제2호다목에서 "대통령령으로 정하는 사항"이란 제1항에 따른 보고서에 기재된 영업소 일반현황 및 대부현황 · 대부중개현황 · 차입현황 등의 사항을 말한다.

[본조신설 2009. 4. 21.]

[제7조의3에서 이동 〈2025. 7. 21.〉]

제7조의3(위반행위의 신고방법) 법 제12조의2제1항에 따른 신고를 하려는 자는 별지 제2호서식의 불법사금융업자 등의 법 위반 사실 신고서를 금융감독원장에게 제출해야 한다. 다만, 긴급하거나 부득

이한 경우에는 전화 또는 구두로 신고할 수 있다.

[본조신설 2025. 7. 21.]

[종전 제7조의3은 제7조의2로 이동 〈2025. 7. 21.〉]

제7조의4(영업정지 및 등록취소 기준) ① 법 제13조제1항 각 호 외의 부분에서 "대통령령으로 정하는 기준"이란 별표 2에 따른 기준을 말한다. 〈개정 2011. 11. 30.〉

② 법 제13조제2항제2호 단서에서 "일시적으로 요건을 유지하지 못하는 등 대통령령으로 정하는 경우"란 다음 각 호의 어느 하나에 해당하는 요건(법 제3조제2항제6호에 따라 등록한 대부중개업자 외의 대부업자등의 경우 제1호의 요건 및 제3호의 요건 중 고정사업장 요건만 해당한다)을 갖추지 못한 경우(임원의 퇴임이나 직원의 퇴직 외의 사유로 제2호의 요건을 갖추지 못한 경우 또는 대부업자등의 고의 또는 중과실로 제3호의 요건을 갖추지 못한 경우는 제외한다)로서 6개월 이내에 같은 호에 따른 요건을 다시 갖추게 된 경우를 말한다. 〈신설 2025. 7. 21.〉

1. 법 제3조의5제1항제1호 또는 같은 조 제2항제2호에 따른 자기자본 요건
2. 법 제3조의5제1항제3호에 따른 인력 요건
3. 법 제3조의5제1항제3호(인력 요건은 제외한다)에 따른 요건

③ 법 제13조제2항제5호에서 "대통령령으로 정하는 횟수"란 별표 2에서 정한 횟수를 말한다. 〈개정 2011. 11. 30., 2025. 7. 21.〉

[본조신설 2009. 4. 21.]

제8조(공고내용 및 방법) 법 제13조제2항제6호에 따라 시·도지사

등은 해당 대부업자등이 소재지를 통지하지 않는 경우 등록이 취소될 수 있다는 내용의 소재 확인을 위한 공고를 작성하여 관보, 시·도의 공보 또는 일간신문에 실어야 하며, 인터넷 홈페이지 등에도 게재해야 한다. 〈개정 2016. 7. 6., 2020. 11. 24.〉

[전문개정 2009. 4. 21.]

제8조의2(과징금의 부과기준) 법 제14조의2제1항에 따른 과징금의 부과기준은 별표 2의2와 같다.

[전문개정 2017. 10. 17.]

제8조의3(과징금의 부과절차) ① 금융위원회는 법 제14조의2제1항에 따라 과징금을 부과할 때에는 그 위반행위의 종류와 해당 과징금의 금액을 구체적으로 밝혀 과징금을 낼 것을 서면으로 통지하여야 한다.

② 제1항에 따라 통지를 받은 자는 통지받은 날부터 60일 이내에 금융위원회가 정하는 수납기관에 과징금을 납부하여야 한다.

③ 제1항 및 제2항에서 규정한 사항 외에 과징금의 부과절차에 관하여 필요한 사항은 금융위원회가 정하여 고시한다.

[본조신설 2016. 7. 6.]

제8조의4(가산금) 법 제14조의2제2항 전단에서 "대통령령으로 정하는 가산금"이란 체납된 과징금에 연 100분의6을 적용하여 계산한 금액을 말한다. 〈개정 2017. 10. 17.〉

[본조신설 2016. 7. 6.]

제8조의5(과징금의 납부기한 연기 및 분할 납부) 금융위원회가 「행정기본법」 제29조 단서에 따라 법 제14조의4에 따른 과징금의 납

부기한을 연기하거나 분할 납부하게 하는 경우 납부기한의 연기는 그 납부기한의 다음 날부터 1년을 초과할 수 없고, 각 분할된 납부기한 간의 간격은 6개월 이내로 하며, 분할 납부의 횟수는 3회 이내로 한다.

[전문개정 2023. 12. 12.]

제8조의6(환급가산금의 이율) 금융위원회는 법 제14조의5제1항에 따라 은행의 1년 만기 정기예금의 이자율을 고려하여 금융위원회가 정하여 고시하는 이율을 적용한 환급가산금을 지급하여야 한다.

[본조신설 2016. 7. 6.]

제9조(여신금융기관의 이자율 등의 제한) ① 법 제15조제1항에서 “대통령령으로 정하는 율”이란 연 100분의 20을 말한다. 〈개정 2014. 4. 1., 2017. 8. 29., 2017. 11. 7., 2021. 4. 6.〉

② 제1항의 율을 월 또는 일 기준으로 적용하는 경우에는 연 100분의 20을 단리로 환산한다. 〈개정 2014. 4. 1., 2017. 8. 29., 2017. 11. 7., 2021. 4. 6.〉

③ 법 제15조제2항에 따라 준용되는 법 제8조제2항 단서에서 “대통령령으로 정하는 사항”이란 다음 각 호의 비용을 말한다. 〈신설 2014. 9. 3., 2020. 8. 4.〉

1. 담보권 설정비용

2. 신용조회비용(「신용정보의 이용 및 보호에 관한 법률」에 따른 개인신용평가회사, 개인사업자신용평가회사 또는 기업신용조회회사에 거래상대방의 신용을 조회하는 경우만 해당한다)

3. 만기가 1년 이상인 대부계약의 대부금액을 조기상환함에 따라

발생하는 비용으로서 조기상환 금액의 100분의 1을 초과하지 아니하는 금액

④ 법 제15조제3항에서 “대통령령으로 정하는 율”이란 금융위원회가 각 금융업 및 대부계약의 특성 등을 반영하여 정하는 연체이자율을 말한다. 이 경우 연 100분의 20을 초과할 수 없다. 〈개정 2018. 11. 13., 2021. 4. 6.〉

[전문개정 2009. 4. 21.]

제9조의2(실태조사의 방법 및 절차) ① 시·도지사는 법 제16조제1항에 따라 대부업자등의 영업실태를 조사하는 경우 법 제12조제9항 각 호의 구분에 따른 사항을 매년 6월 30일 및 12월 31일을 기준으로 조사하여야 한다.

② 시·도지사는 제1항에 따른 실태조사의 결과를 법 제16조제1항에 따라 행정안전부장관과 금융위원회에 제출하는 경우 금융감독원장이 지정하는 전산정보시스템을 통하여 전자문서로 제출할 수 있다.

③ 행정안전부장관과 금융위원회는 법 제16조제3항에 따라 대부업자등의 현황 및 영업실태 조사결과 등을 매년 6월 30일과 12월 31일을 기준으로 작성하여 그 기준일부터 6개월 내에 관보 또는 인터넷 홈페이지에 게재하여야 한다.

[전문개정 2017. 10. 17.]

제9조의3(행정처분 또는 시정명령 사실의 공개 내용 및 절차 등) ① 시·도지사등은 법 제16조의2제1항에 따라 행정처분 또는 시정명령 사실을 공개하는 경우 다음 각 호의 사항이 포함되도록 하여야 한다. 〈개정 2016. 7. 6.〉

1. 행정처분 또는 시정명령 사실의 공개임을 알 수 있는 제목

2. 상호, 소재지 및 성명(법인의 경우 대표자 성명을 말한다)

3. 대부업등 등록번호(여신금융기관의 경우 사업자등록번호를 말한다)

4. 위반행위

5. 위반행위에 대한 행정처분 또는 시정명령의 내용

6. 행정처분일 · 시정명령일 및 그 기간

② 제1항에 따른 공개는 시 · 도지사등이 해당 행정처분 또는 시정명령을 한 후 지체 없이 시 · 도등의 인터넷 홈페이지에 게재하는 방법으로 한다. 〈개정 2016. 7. 6.〉

③ 시 · 도지사등은 제1항제5호에 따른 행정처분 또는 시정명령이 취소된 경우에는 그 취소된 사실을 해당 행정처분 또는 시정명령 사실이 제2항에 따라 게재된 기간 이상 시 · 도등의 인터넷 홈페이지에 게재하는 방법으로 공개하여야 한다. 〈개정 2016. 7. 6.〉

[본조신설 2014. 4. 1.]

제10조(등록수수료 등) ① 대부업등의 등록을 하려는 자는 법 제17조제1항에 따라 각각의 사업에 대하여 영업소당 10만원의 수수료를 내야 한다. 다만, 10만원 이내에서 시 · 도의 조례로 그 금액을 다르게 정할 수 있다.

② 법 제17조제2항에서 "대통령령으로 정하는 검사수수료"란 검사일을 기준으로 연평균 대부금액 잔액의 1천분의 1 이내에서 금융위원회가 정하는 금액을 말한다. 다만, 시 · 도지사가 받는 검사수수료의 경우에는 연평균 대부금액 잔액의 1천분의 1 이내에서 시 · 도

의 조례로 그 금액을 다르게 정할 수 있다.

[전문개정 2009. 4. 21.]

제11조(분쟁조정위원회의 구성 및 운영) ① 법 제18조제1항에 따른 분쟁조정위원회는 다음 각 호의 어느 하나에 해당하는 사람으로서 시·도지사가 임명하거나 위촉하는 5명의 위원으로 구성한다. 〈개정 2012. 2. 29., 2016. 7. 6.〉

1. 금융기관에서 3년 이상 근무한 경력이 있는 사람
2. 변호사 또는 공인회계사
3. 소비자단체에서 3년 이상 근무한 경력이 있는 사람
4. 금융·대부업 또는 소비자보호 분야에서 3년 이상 근무한 경력이 있는 공무원
5. 금융 또는 법학을 전공하여 대학에서 조교수 이상의 직(職)에 3년 이상 재직한 경력이 있는 사람

② 위원장은 위원 중에서 호선(互選)하며, 위원장 및 위원의 임기는 1년으로 하되 연임할 수 있다.

③ 시·도지사는 제1항 각 호에 따른 위원이 다음 각 호의 어느 하나에 해당하는 경우에는 해당 위원을 해임(解任)하거나 해촉(解囑)할 수 있다. 〈신설 2016. 7. 6.〉

1. 심신장애로 인하여 직무를 수행할 수 없게 된 경우
2. 직무와 관련된 비위사실이 있는 경우
3. 직무태만, 품위손상이나 그 밖의 사유로 인하여 위원으로 적합하지 아니하다고 인정하는 경우
4. 위원 스스로 직무를 수행하는 것이 곤란하다고 의사를 밝히는

경우

④ 분쟁조정위원회는 재적위원 3분의 2의 찬성으로 분쟁에 대한 조정안을 의결하며, 분쟁당사자에게 그 조정안의 수락을 권고할 수 있다. 〈개정 2016. 7. 6.〉

⑤ 제1항부터 제4항까지에서 규정한 사항 외에 분쟁조정위원회의 효율적인 운영에 필요한 세부사항은 분쟁조정위원회가 정한다. 〈개정 2016. 7. 6.〉

[전문개정 2009. 4. 21.]

제11조의2(대부업 및 대부중개업 협회) ① 법 제18조의2제4항에 따라 협회는 정관을 작성하여 금융위원회의 인가를 받은 날부터 2주일 이내에 주된 사무소의 소재지에서 설립등기를 하여야 한다. 〈개정 2016. 7. 6.〉

② 제1항에 따른 설립등기에는 다음 각 호의 사항이 포함되어야 한다.

1. 목적
2. 명칭
3. 주된 사무소 및 지회(支會)의 소재지
4. 임원의 성명 및 주소
5. 공고의 방법

③ 제1항에 따른 설립등기의 신청서에는 다음 각 호의 서류를 첨부하여야 한다.

1. 정관
2. 정관인가서 사본

④ 법 제18조의3제1항제4호에서 “대통령령으로 정하는 업무”란 다음 각 호의 업무를 말한다. 〈개정 2011. 11. 30., 2016. 7. 6., 2018. 11. 13.〉

1. 대부업자등의 임직원에 대한 교육

2. 대부업등의 발전을 위한 조사·연구

3. 대부업자등의 광고에 대한 자율심의

4. 대부업자등, 법 제3조에 따라 등록을 하지 아니하고 사실상 대부업등을 하는 자의 법령위반사항 등에 대한 자율감시

5. 법 제11조의4에 따른 대부업자등의 손해배상책임을 보장하기 위한 보증금 예탁 및 공제업무

6. 대부업자등의 건전한 영업질서 유지를 위한 업무방법 표준화 및 지도 등 자율규제 업무

7. 대부업자등의 공동이익을 위한 사업

8. 그 밖에 협회의 목적을 달성하기 위하여 필요한 업무

⑤ 법 제18조의5제1항 단서에서 “대통령령으로 정하는 자”란 법 제3조제1항에 따라 등록한 법인인 대부업자등을 말한다. 〈신설 2016. 7. 6.〉

[본조신설 2009. 4. 21.]

제11조의3(업무의 위탁) ①시·도지사등은 법 제18조의7제1항 및 제2항에 따라 법 제3조의4에 따른 대부업등의 준수사항 등에 관한 교육 업무를 협회에 위탁한다. 〈개정 2016. 7. 6.〉

② 금융위원회는 법 제18조의7제2항에 따라 다음 각 호의 업무를 금융감독원장에게 위탁한다. 〈신설 2016. 7. 6., 2017. 10. 17.,

2018. 11. 13., 2025. 7. 21.〉

1. 법 제3조·제3조의2 및 제3조의3에 따른 대부업등의 등록, 등록갱신, 등록증의 반납과 등록증의 분실신고 접수 등의 절차에 관한 업무

2. 법 제3조의5에 따른 대부업등의 등록요건 심사에 관한 업무

3. 법 제4조제1항 및 제2항에 따른 대부업자등의 임원 및 업무총괄 사용인의 자격심사에 관한 업무

4. 법 제5조에 따른 대부업등의 변경등록 및 폐업신고 접수에 관한 업무

5. 법 제10조제2항에 따른 상호출자제한기업집단 대부업자의 신용공여 사실에 관한 보고의 접수

6. 법 제10조제5항에 따른 세부계획서의 접수

7. 법 제10조제8항에 따른 신용공여한도 위반 혐의 대부업자 및 그 대주주에 대한 자료제출명령

7의2. 법 제11조의2제5항에 따른 시정명령 심사에 관한 업무

8. 법 제12조제1항에 따른 대부업자등의 업무 및 업무와 관련된 재산에 관한 보고, 자료의 제출 및 그 밖에 필요한 명령

8의2. 법 제12조제7항에 따른 시정명령 심사에 관한 업무

9. 법 제12조제9항에 따른 보고서의 접수

10. 법 제13조제6항제1호 및 제3호에 따른 조치

10의2. 법 제13조제7항에 따른 조치 내용의 결정 및 통보(같은 조 제6항제1호 및 제3호에 해당하는 조치를 받았을 것으로 인정되는 경우의 조치 내용의 결정 및 통보에 한정한다)

10의3. 법 제15조제4항에 따른 시정명령 심사에 관한 업무

11. 법 제16조에 따른 대부업자의 실태조사 등에 관한 업무

12. 법 제16조의2에 따른 행정처분 사실 등의 공개에 관한 업무

13. 법 제17조제1항에 따른 등록수수료에 관한 업무

14. 법 제18조의8에 따른 대부업자등의 관리·감독 등을 위하여 사실확인이 필요한 경우 관계 기관에의 협조 요청

[본조신설 2009. 4. 21.]

제11조의4(협회에 대한 조치) ① 법 제18조의10제1항제5호에서 "대통령령으로 정하는 조치"란 다음 각 호의 어느 하나에 해당하는 조치를 말한다.

1. 경영이나 업무방법의 개선요구나 개선권고

2. 변상 요구

3. 법을 위반한 경우에는 고발 또는 수사기관에의 통보

4. 다른 법률을 위반한 경우에는 관련기관이나 수사기관에의 통보

5. 그 밖에 금융위원회가 법 및 이 영과 그 밖의 관련 법령에 따라 취할 수 있는 조치

② 법 제18조의10제2항제6호 및 같은 조 제3항제7호에서 "대통령령으로 정하는 조치"란 각각 제1항제3호부터 제5호까지의 어느 하나에 해당하는 조치를 말한다.

[본조신설 2017. 8. 29.]

[종전 제11조의4는 제11조의5로 이동 <2017. 8. 29.>]

제11조의5(고유식별정보의 처리) ① 시·도지사등(제11조의3에 따라 시·도지사등의 업무를 위탁받은 자를 포함한다)은 다음 각 호의 사

무를 수행하기 위하여 불가피한 경우 「개인정보 보호법 시행령」 제19조제1호, 제2호 또는 제4호에 따른 주민등록번호, 여권번호 또는 외국인등록번호(이하 이 조에서 "주민등록번호등"이라 한다)가 포함된 자료를 처리할 수 있다. 〈개정 2016. 7. 6.〉

1. 법 제3조에 따른 등록에 관한 사무
2. 법 제3조의2에 따른 등록갱신에 관한 사무
3. 법 제3조의3에 따른 등록증 반납 등에 관한 사무
4. 법 제3조의4에 따른 대부업등 교육에 관한 사무
5. 법 제4조에 따른 대부업자등의 대표자, 임원 또는 업무총괄 사용인의 자격요건 확인 등에 관한 사무
6. 법 제5조에 따른 변경등록 및 폐업신고에 관한 사무
7. 법 제9조의7에 따른 보호기준 및 보호감시인에 관한 사무
8. 법 제10조에 따른 상호출자제한기업집단 대부업자의 대주주와의 거래 관련 보고, 신용공여기간 연장 승인, 자료제출명령 등에 관한 사무
9. 법 제11조의4제2항에 따른 손해배상책임을 보장하기 위한 보증금 예탁 등에 관한 사무
10. 법 제12조, 제13조에 따른 검사, 영업정지, 등록취소 및 이에 따른 사후 조치 등에 관한 사무
11. 법 제14조의2에 따른 과징금 부과 · 징수에 관한 사무
12. 법 제16조에 따른 대부업자의 실태조사 등에 관한 사무
13. 법 제18조에 따른 분쟁 조정에 관한 사무

② 행정안전부장관은 다음 각 호의 사무를 수행하기 위하여 불가

피한 경우 주민등록번호등이 포함된 자료를 처리할 수 있다. 〈개정 2013. 3. 23., 2014. 11. 19., 2016. 7. 6., 2017. 7. 26.〉

1. 법 제12조에 따른 검사 및 이에 따른 사후조치 등에 관한 사무

2. 법 제16조에 따른 대부업자의 실태조사 등에 관한 사무

③ 대부업자등은 법 제9조의5에 따른 고용 제한 또는 업무 위임·대리 제한의 사유 확인에 관한 사무를 수행하기 위하여 불가피한 경우 주민등록번호등이 포함된 자료를 처리할 수 있다. 〈신설 2014. 8. 6.〉

[본조신설 2012. 1. 6.]

[제11조의4에서 이동, 종전 제11조의5는 제11조의6으로 이동 〈2017. 8. 29.〉]

제11조의6(규제의 재검토) 금융위원회는 다음 각 호의 사항에 대하여 다음 각 호의 기준일을 기준으로 2년마다(매 2년이 되는 해의 1월 1일 전까지를 말한다) 그 타당성을 검토하여 개선 등의 조치를 해야 한다.

1. 제6조의8제1항 및 제2항에 따른 중개수수료의 제한: 2015년 1월 1일

2. 제2조의9제2항제1호에 따른 자기자본 요건: 2026년 1월 1일

[전문개정 2025. 7. 21.]

제12조(과태료 부과기준) 과태료의 부과기준은 별표 3과 같다. 〈개정 2011. 11. 30.〉

[전문개정 2009. 4. 21.]

부칙 〈제17765호, 2002. 10. 28.〉

이 영은 공포한 날부터 시행한다.

부칙 〈제18312호, 2004. 3. 17.〉 (전자적민원처리를위한가석방자관리규정등중개정령)

이 영은 공포한 날부터 시행한다.

부칙 〈제19019호, 2005. 8. 31.〉

이 영은 2005년 9월 1일부터 시행한다.

부칙 〈제20313호, 2007. 10. 4.〉

제1조 (시행일) 이 영은 공포한 날부터 시행한다.

제2조 (이자율의 제한 등에 관한 적용례) 제5조제3항 및 제9조 각 호 외의 부분 후단의 개정규정은 이 영 시행일 이후 체결되거나 갱신되는 대부계약부터 적용한다.

부칙 〈제20653호, 2008. 2. 29.〉 (금융위원회의 설치 등에 관한 법률 시행령)

제1조(시행일) 이 영은 공포한 날부터 시행한다. 다만, 부칙 제2조에 따라 개정되는 대통령령 중 이 영의 시행 전에 공포되었으나 시행일이 도래하지 아니한 대통령령을 개정한 부분은 각각 해당 대통령령의 시행일부터 시행한다.

제2조(다른 법령의 개정) ① 부터 ⑮ 까지 생략

⑯ 대부업의 등록 및 금융이용자보호에 관한 법률 시행령 일부를 다음과 같이 개정한다.

제7조제2호, 제9조제2호 및 제10조제2항 본문 중 "금융감독위원회"를 각각 "금융위원회"로 한다.

제7조제3호 중 "「금융감독기구의 설치 등에 관한 법률」"을 "「금융위원회의 설치 등에 관한 법률」"로 한다.

⑰ 부터 ㊾ 까지 생략

부칙 〈제20758호, 2008. 3. 28.〉

이 영은 공포한 날부터 시행한다.

부칙 〈제21446호, 2009. 4. 21.〉

제1조(시행일) 이 영은 2009년 4월 22일부터 시행한다.

제2조(대부업자등의 상호 변경에 관한 특례) 대부업자등이 그 영업소로서 본점 및 지점을 경영하는 경우 본점 또는 지점 중 최초로 등록의 유효기간 만료일이 도래하는 영업소에서 상호를 변경하여 등록갱신을 신청하는 경우에는 그 영업소 외의 영업소도 상호와 관련하여 함께 변경등록을 신청할 수 있다.

제3조(다른 법령의 개정에 따른 경과조치) 제5조제3항제2호의 개정규정 중 "「신용정보의 이용 및 보호에 관한 법률」 제4조제1항제1호"는 2009년 10월 1일까지는 "「신용정보의 이용 및 보호에 관한 법률」 제4조제4항제1호"로 본다.

제4조(과태료에 관한 경과조치) ① 이 영 시행 전의 위반행위에 대

한 과태료의 부과는 종전의 규정에 따른다.

② 이 영의 개정규정에 따라 위반행위의 횟수에 따른 과태료 부과기준을 적용하는 경우 이 영 시행 후에 최초로 한 위반행위를 1차의 위반행위로 본다.

제5조(다른 법령의 개정) 대부업정책협의회 등의 구성 및 운영에 관한 규정 일부를 다음과 같이 개정한다.

제1조 중 "이 영은 대부업"을 "이 영은 「대부업 등의 등록 및 금융이용자 보호에 관한 법률」 제15조의2에 따라 대부업 및 대부중개업"으로, "대부업 관련 위법행위"를 "대부업 및 대부중개업 관련 위법행위"로 한다.

제2조제1항 중 "대부업(「대부업의 등록 및 금융이용자 보호에 관한 법률」 제2조제1호의 대부업을 말한다. 이하 같다)"을 "대부업등(「대부업 등의 등록 및 금융이용자 보호에 관한 법률」 제2조제1호 및 제2호에 따른 대부업 및 대부중개업을 말한다. 이하 같다)"으로 한다.

제2조제2항제1호부터 제4호까지, 제6조제2항제1호부터 제4호까지 및 제6조제3항제1호가목 중 "대부업"을 각각 "대부업등"으로 한다.

제6조제1항 중 "대부업 관련"을 "대부업등 관련"으로 한다.

부칙 〈제21673호, 2009. 8. 5.〉

제1조(시행일) 이 영은 2009년 8월 7일부터 시행한다.

제2조(경과조치) 이 영 시행 전의 행위에 대한 행정처분의 기준은

종전의 규정에 따른다.

부칙 〈제22135호, 2010. 4. 20.〉

이 영은 2010년 4월 26일부터 시행한다.

부칙 〈제22298호, 2010. 7. 21.〉

제1조(시행일) 이 영은 공포한 날부터 시행한다.

제2조(이자율의 제한 등에 관한 적용례) 제5조 및 제9조의 개정규정은 이 영 시행 후 체결되거나 갱신되는 대부계약부터 적용한다.

부칙 〈제22991호, 2011. 6. 27.〉

제1조(시행일) 이 영은 공포한 날부터 시행한다.

제2조(이자율의 제한 등에 관한 적용례) 제5조 및 제9조의 개정규정은 이 영 시행 후 체결되거나 갱신되는 대부계약부터 적용한다.

부칙 〈제23321호, 2011. 11. 30.〉

제1조(시행일) 이 영은 공포한 날부터 시행한다. 다만, 제2조의5, 제4조, 제6조, 제6조의2 및 제6조의3의 개정규정은 공포 후 3개월이 경과한 날부터 시행한다.

제2조(행정처분 및 과태료에 관한 경과조치) 이 영 시행 전의 행위에 대한 행정처분 및 과태료의 기준은 종전의 규정에 따른다.

부칙 〈제23488호, 2012. 1. 6.〉 (민감정보 및 고유식별정보

처리 근거 마련을 위한 과세자료의 제출 및 관리에 관한 법률 시행령 등 일부개정령)

제1조(시행일) 이 영은 공포한 날부터 시행한다. 〈단서 생략〉

제2조 생략

부칙 〈제23644호, 2012. 2. 29.〉 (대학교원 자격기준 등에 관한 규정)

제1조(시행일) 이 영은 공포한 날부터 시행한다. 다만, · · · 〈생략〉 · · · 부칙 제2조 및 제3조의 개정규정은 2012년 7월 22일부터 시행한다.

제2조 생략

제3조(다른 법령의 개정) ①부터 ㉙까지 생략

㉚ 대부업 등의 등록 및 금융이용자 보호에 관한 법률 시행령 일부를 다음과 같이 개정한다.

제11조제1항제5호 중 "전임강사"를 "조교수"로 한다.

㉛부터 〈69〉까지 생략

제4조 생략

부칙 〈제24076호, 2012. 8. 31.〉 (전자문서 및 전자거래 기본법 시행령)

제1조(시행일) 이 영은 2012년 9월 2일부터 시행한다. 〈단서 생략〉

제2조 생략

제3조(다른 법령의 개정) ① 생략

② 대부업 등의 등록 및 금융이용자 보호에 관한 법률 시행령 일부를 다음과 같이 개정한다.

제3조제3항 중 "「전자거래기본법」"을 "「전자문서 및 전자거래 기본법」"으로 한다.

③부터 ⑯까지 생략

제4조 생략

부칙 〈제24435호, 2013. 3. 23.〉 (금융위원회와 그 소속기관 직제)

제1조(시행일) 이 영은 공포한 날부터 시행한다.

제2조 및 제3조 생략

제4조(다른 법령의 개정) ①부터 ④까지 생략

⑤ 대부업 등의 등록 및 금융이용자 보호에 관한 법률 시행령 일부를 다음과 같이 개정한다.

제11조의4제2항 각 호 외의 부분 중 "행정안전부장관"을 "안전행정부장관"으로 한다.

⑥부터 ⑧까지 생략

부칙 〈제24599호, 2013. 6. 11.〉

제1조(시행일) 이 영은 2013년 6월 12일부터 시행한다.

제2조(대부업자등의 허위·과장 광고에 관한 적용례) 제6조의3제2호의 개정규정은 이 영 시행 이후 하는 광고 행위부터 적용한다.

부칙 〈제24638호, 2013. 6. 28.〉 (부가가치세법 시행령)

제1조(시행일) 이 영은 2013년 7월 1일부터 시행한다. 〈단서 생략〉

제2조 부터 제15조까지 생략

제16조(다른 법령의 개정) ①부터 ⑫까지 생략

⑬ 대부업 등의 등록 및 금융이용자 보호에 관한 법률 시행령 일부를 다음과 같이 개정한다.

제4조의3제1항제2호나목 중 "「부가가치세법 시행령」 제7조제3항"을 "「부가가치세법 시행령」 제11조제5항"으로 한다.

⑭부터 ㊲까지 생략

제17조 생략

부칙 〈제25293호, 2014. 4. 1.〉

제1조(시행일) 이 영은 2014년 4월 2일부터 시행한다.

제2조(연체이자율에 관한 적용례) 제9조제3항의 개정규정은 이 영 시행 후 체결되거나 갱신되는 대부계약부터 적용한다.

부칙 〈제25532호, 2014. 8. 6.〉 (민감정보 및 고유식별정보 처리 근거 마련을 위한 공공기관의 운영에 관한 법률 시행령 등 일부개정령)

이 영은 2014년 8월 7일부터 시행한다.

부칙 〈제25588호, 2014. 9. 3.〉

제1조(시행일) 이 영은 2014년 9월 19일부터 시행한다. 다만, 제7

조의2제1항 및 제9조제3항·제4항의 개정규정은 2015년 1월 1일부터 시행한다.

제2조(이자율 제한에 관한 적용례) 제9조제3항제3호의 개정규정은 2015년 1월 1일 이후 체결되거나 갱신되는 대부계약부터 적용한다.

부칙 〈제25751호, 2014. 11. 19.〉 (행정자치부와 그 소속기관 직제)

제1조(시행일) 이 영은 공포한 날부터 시행한다. 다만, 부칙 제5조에 따라 개정되는 대통령령 중 이 영 시행 전에 공포되었으나 시행일이 도래하지 아니한 대통령령을 개정한 부분은 각각 해당 대통령령의 시행일부터 시행한다.

제2조 부터 제4조까지 생략

제5조(다른 법령의 개정) ①부터 〈396〉까지 생략

〈397〉 대부업 등의 등록 및 금융이용자 보호에 관한 법률 시행령 일부를 다음과 같이 개정한다.

제9조의2 및 제11조의4제2항 각 호 외의 부분 중 "안전행정부장관"을 각각 "행정자치부장관"으로 한다.

〈398〉부터 〈418〉까지 생략

부칙 〈제25840호, 2014. 12. 9.〉 (규제 재검토기한 설정 등 규제정비를 위한 건축법 시행령 등 일부개정령)

제1조(시행일) 이 영은 2015년 1월 1일부터 시행한다.

제2조 부터 제16조까지 생략

부칙 <제27322호, 2016. 7. 6.>

제1조(시행일) 이 영은 2016년 7월 25일부터 시행한다.

제2조(위반행위의 횟수에 따른 행정처분기준에 관한 경과조치) 위반행위의 횟수에 따른 행정처분기준을 적용하는 경우 별표 2 제1호나목의 개정규정에도 불구하고 이 영 시행 전의 위반행위로 받은 행정처분은 이 영 시행 후의 위반행위로부터 1년 이내에 받은 경우에 한정하여 위반행위의 횟수 산정에 포함한다.

제3조(위반행위의 횟수에 따른 과태료의 부과기준에 관한 경과조치) 위반행위의 횟수에 따른 과태료의 부과기준을 적용하는 경우 별표 3 제1호가목의 개정규정에도 불구하고 이 영 시행 전의 위반행위로 받은 과태료 부과처분은 이 영 시행 후의 위반행위로부터 1년 이내에 받은 경우에 한정하여 위반행위의 횟수 산정에 포함한다.

제4조(다른 법령의 개정) ① 법인세법 시행령 일부를 다음과 같이 개정한다.

제61조제2항제28호를 다음과 같이 한다.

28. 「대부업 등의 등록 및 금융이용자 보호에 관한 법률」에 따라 대부업자로 등록한 법인

② 새마을금고법 시행령 일부를 다음과 같이 개정한다.

제11조제1항제7호를 다음과 같이 한다.

7. 「대부업 등의 등록 및 금융이용자 보호에 관한 법률」에 따른 대부업자

③ 신용정보의 이용 및 보호에 관한 법률 시행령 일부를 다음과 같이 개정한다.

제21조제2항제19호를 다음과 같이 한다.

19. 「대부업 등의 등록 및 금융이용자 보호에 관한 법률」 제3조제2항에 따라 금융위원회에 등록한 대부업자등

④ 자본시장과 금융투자업에 관한 법률 시행령 일부를 다음과 같이 개정한다.

제27조제1항제33호를 다음과 같이 한다.

33. 「대부업 등의 등록 및 금융이용자 보호에 관한 법률」

⑤ 전기통신사업법 시행령 일부를 다음과 같이 개정한다.

제37조의5제1항제3호를 다음과 같이 한다.

3. 「대부업 등의 등록 및 금융이용자 보호에 관한 법률 시행령」 제6조의5제2항에 따른 이의신청 기간 및 절차

부칙 〈제27472호, 2016. 8. 31.〉 (감정평가 및 감정평가사에 관한 법률 시행령)

제1조(시행일) 이 영은 2016년 9월 1일부터 시행한다.

제2조 부터 제5조까지 생략

제6조(다른 법령의 개정) ①부터 ㊲까지 생략

㊳ 대부업 등의 등록 및 금융이용자 보호에 관한 법률 시행령 일부를 다음과 같이 개정한다.

제2조의11제15호를 다음과 같이 한다.

15. 「감정평가 및 감정평가사에 관한 법률」

㊴부터 〈92〉까지 생략

제7조 생략

부칙 〈제28218호, 2017. 7. 26.〉 (금융위원회와 그 소속기관 직제)

제1조(시행일) 이 영은 공포한 날부터 시행한다.

제2조 생략

제3조(다른 법령의 개정) ① 및 ② 생략

③ 대부업 등의 등록 및 금융이용자 보호에 관한 법률 시행령 일부를 다음과 같이 개정한다.

제6조의5제5항 중 "미래창조과학부장관"을 "과학기술정보통신부장관"으로 한다.

제9조의2 및 제11조의4제2항 각 호 외의 부분 중 "행정자치부장관"을 각각 "행정안전부장관"으로 한다.

④부터 ⑨까지 생략

부칙 〈제28257호, 2017. 8. 29.〉

제1조(시행일) 이 영은 공포한 날부터 시행한다.

제2조(등록에 관한 경과조치) ① 이 영 시행 전에 법 제3조제1항에 따라 시ㆍ도지사에게 대부업의 등록을 한 후 제2조의4의 개정규정에 따른 대부업(이하 이 조에서 "온라인대출정보연계대부업"이라 한다)을 하고 있는 자는 이 영 시행일부터 6개월까지는 금융위원회에 법 제3조제2항에 따른 등록을 하지 아니하고 온라인대출정보연계대부업을 할 수 있다.

② 이 영 시행 전에 법 제3조제2항에 따라 금융위원회에 대부업의 등록을 한 후 온라인대출정보연계대부업을 하고 있는 자는 이 영 시

행일부터 6개월까지는 금융위원회에 법 제5조제1항 본문에 따른 변경등록을 하지 아니하고 온라인대출정보연계대부업을 할 수 있다.

부칙 〈제28386호, 2017. 10. 17.〉

제1조(시행일) 이 영은 2017년 10월 19일부터 시행한다.

제2조(과징금의 부과기준에 관한 경과조치) 이 영 시행 전의 위반행위에 대하여 과징금의 부과기준을 적용할 때에는 제8조의2 및 별표 2의2의 개정규정에도 불구하고 종전의 제8조의2에 따른다.

부칙 〈제28420호, 2017. 11. 7.〉

제1조(시행일) 이 영은 공포 후 3개월이 경과한 날부터 시행한다.

제2조(이자율의 제한에 관한 적용례) 제5조 및 제9조의 개정규정은 이 영 시행 이후 계약을 체결 또는 갱신하거나 연장하는 분부터 적용한다.

부칙 〈제29269호, 2018. 10. 30.〉 (주식회사 등의 외부감사에 관한 법률 시행령)

제1조(시행일) 이 영은 2018년 11월 1일부터 시행한다.

제2조 부터 제9조까지 생략

제10조(다른 법령의 개정) ①부터 ⑪까지 생략

⑫ 대부업 등의 등록 및 금융이용자 보호에 관한 법률 시행령 일부를 다음과 같이 개정한다.

제2조의12제37호 중 "「주식회사의 외부감사에 관한 법률」"을

“「주식회사 등의 외부감사에 관한 법률」”로 한다.

제4조의3제1항제2호가목 중 “「주식회사의 외부감사에 관한 법률」 제2조”를 “「주식회사 등의 외부감사에 관한 법률」 제4조”로 한다.

⑬부터 〈51〉까지 생략

제11조 생략

부칙 〈제29287호, 2018. 11. 13.〉

제1조(시행일) 이 영은 공포한 날부터 시행한다. 다만, 제6조의8제2항의 개정규정은 공포 후 3개월이 경과한 날부터 시행하고, 제2조의8제3항 및 제4항의 개정규정은 공포 후 6개월이 경과한 날부터 시행한다.

제2조(중개수수료의 제한에 관한 적용례) 제6조의8제2항의 개정규정은 부칙 제1조 단서에 따른 시행일 이후 대부중개업자 및 대출모집인에게 중개수수료를 지급하는 경우부터 적용한다.

제3조(등록의 절차에 관한 경과조치) 이 영 시행 당시 법 제3조제1항에 따라 대부업등의 등록을 한 자가 제2조의6제3항제1호의 개정규정에 해당되는 경우에는 이 영 시행일부터 6개월 이내에 법 제3조제2항 및 이 영 제2조의6제3항제1호의 개정규정에 따른 등록을 하여야 한다.

제4조(대부업등의 교육에 관한 경과조치) 법 제3조의4제1항 단서에 따라 부득이한 사유로 미리 교육을 받을 수 없는 경우로서 대부업등의 등록, 등록갱신 또는 변경등록 후 교육을 이수하여야 하는 대부업자등이 이 영 시행 전에 대부업등의 등록, 등록갱신 또는 변경

등록을 한 경우에는 제2조의8제3항의 개정규정에도 불구하고 종전의 규정에 따른다.

제5조(자기자본요건에 관한 경과조치) 이 영 시행 당시 종전의 규정에 따라 대부업의 등록을 한 자는 이 영 시행일부터 2년 이내에 제2조의9제2항의 개정규정에 따른 요건을 갖추어야 한다.

제6조(대부업 이용자 보호기준에 관한 경과조치) 이 영 시행 당시 종전의 규정에 따라 대부업등의 등록을 한 자로서 제6조의6제1항의 개정규정에 따라 보호기준을 정해야 하거나 같은 조 제2항제6호 및 제7호의 개정규정을 보호기준에 포함하여야 하는 대부업자등은 이 영 시행일부터 2년 이내에 제6조의6의 개정규정에 따른 요건을 갖추어야 한다.

부칙 〈제29782호, 2019. 5. 21.〉

이 영은 2019년 6월 25일부터 시행한다.

부칙 〈제29886호, 2019. 6. 25.〉 (전기통신사업법 시행령)

제1조(시행일) 이 영은 2019년 6월 25일부터 시행한다.

제2조(다른 법령의 개정) ① 대부업 등의 등록 및 금융이용자 보호에 관한 법률 시행령 일부를 다음과 같이 개정한다.

제2조의11제1항제1호나목을 삭제하고, 같은 호 다목 중 "「전기통신사업법」 제5조제4항"을 "「전기통신사업법」 제5조제3항"으로 한다.

②부터 ⑩까지 생략

부칙 〈제29892호, 2019. 6. 25.〉 (주식·사채 등의 전자등록에 관한 법률 시행령)

제1조(시행일) 이 영은 2019년 9월 16일부터 시행한다. 〈단서 생략〉

제2조 부터 제8조까지 생략

제9조(다른 법령의 개정) ①부터 ④까지 생략

⑤ 대부업 등의 등록 및 금융이용자 보호에 관한 법률 시행령 일부를 다음과 같이 개정한다.

제2조의12제1호를 삭제하고, 같은 조에 제36호의2를 다음과 같이 신설한다.

36의2. 「주식·사채 등의 전자등록에 관한 법률」

⑥부터 ⑰까지 생략

제10조 생략

부칙 〈제30509호, 2020. 3. 3.〉 (규제 재검토기한 해제 등을 위한 144개 대통령령의 일부개정에 관한 대통령령)

이 영은 공포한 날부터 시행한다.

부칙 〈제30586호, 2020. 3. 31.〉 (소재·부품·장비산업 경쟁력강화를 위한 특별조치법 시행령)

제1조(시행일) 이 영은 2020년 4월 1일부터 시행한다. 〈단서 생략〉

제2조 부터 제8조까지 생략

제9조(다른 법령의 개정) ① 및 ② 생략

③ 대부업 등의 등록 및 금융이용자 보호에 관한 법률 시행령 일

부를 다음과 같이 개정한다.

제2조의12제22호를 다음과 같이 한다.

22. 「소재 · 부품 · 장비산업 경쟁력강화를 위한 특별조치법」

④부터 ⑧까지 생략

제10조 생략

부칙 〈제30893호, 2020. 8. 4.〉 (신용정보의 이용 및 보호에 관한 법률 시행령)

제1조(시행일) ① 이 영은 2020년 8월 5일부터 시행한다. 〈단서 생략〉

② 및 ③ 생략

제2조 생략

제3조(다른 법령의 개정) ①부터 ⑳까지 생략

㉑ 대부업 등의 등록 및 금융이용자 보호에 관한 법률 시행령 일부를 다음과 같이 개정한다.

제2조의11제3항제2호 중 "「신용정보의 이용 및 보호에 관한 법률」 제25조"를 "「신용정보의 이용 및 보호에 관한 법률」 제25조제2항제1호"로 한다.

제4조의3제1항제1호나목 중 "「신용정보의 이용 및 보호에 관한 법률」 제4조제1항제1호에 따른 신용조회업을 하는 회사 또는 같은 법 제25조"를 "「신용정보의 이용 및 보호에 관한 법률」에 따른 개인신용평가회사, 개인사업자신용평가회사, 기업신용조회회사(기업정보조회업무만을 하는 기업신용조회회사는 제외한다) 또는 같은 법 제25조제2항제1호"로 한다.

제5조제4항제2호 중 "「신용정보의 이용 및 보호에 관한 법률」 제4조제1항제1호의 업무를 허가받은 자에게"를 "「신용정보의 이용 및 보호에 관한 법률」에 따른 개인신용평가회사, 개인사업자신용평가회사 또는 기업신용조회회사에"로 한다.

제6조제2항제3호 및 같은 조 제3항제4호 중 "신용등급"을 각각 "신용등급 또는 개인신용평점"으로 한다.

제9조제3항제2호 중 "「신용정보의 이용 및 보호에 관한 법률」 제4조제1항제1호의 업무를 허가받은 자에게"를 "「신용정보의 이용 및 보호에 관한 법률」에 따른 개인신용평가회사, 개인사업자신용평가회사 또는 기업신용조회회사에"로 한다.

별표 1 제1호다목 및 같은 호 라목 중 "신용등급"을 각각 "신용등급 또는 개인신용평점"으로 하고, 같은 표 제2호가목1)부터 5)까지 외의 부분, 같은 목 4) 및 5) 중 "신용등급"을 각각 "신용등급 또는 개인신용평점"으로 한다.

㉒부터 〈65〉까지 생략

제4조 생략

부칙 〈제30967호, 2020. 8. 25.〉 (온라인투자연계금융업 및 이용자 보호에 관한 법률 시행령)

제1조(시행일) ① 이 영은 2020년 8월 27일부터 시행한다. 〈단서 생략〉

② 생략

제2조 및 제3조 생략

제4조(다른 법령의 개정) ①부터 ④까지 생략

⑤ 대부업 등의 등록 및 금융이용자 보호에 관한 법률 시행령 일부를 다음과 같이 개정한다.

제2조의2에 제17호의2를 다음과 같이 신설한다.

17의2. 「온라인투자연계금융업 및 이용자 보호에 관한 법률」

제2조의4를 삭제한다.

제2조의12에 제28호의2를 다음과 같이 신설한다.

28의2. 「온라인투자연계금융업 및 이용자 보호에 관한 법률」

⑥부터 ⑧까지 생략

부칙 〈제31176호, 2020. 11. 24.〉 (법정공고 방식 확대를 위한 69개 법령의 일부개정에 관한 대통령령)

제1조(시행일) 이 영은 공포한 날부터 시행한다.

제2조(공고 등의 방법에 관한 일반적 적용례) 이 영은 이 영 시행 이후 실시하는 공고, 공표, 공시 또는 고시부터 적용한다.

부칙 〈제31553호, 2021. 3. 23.〉 (금융소비자 보호에 관한 법률 시행령)

제1조(시행일) 이 영은 2021년 3월 25일부터 시행한다. 〈단서 생략〉

제2조(다른 법령의 개정) ①부터 ⑧까지 생략

⑨ 대부업 등의 등록 및 금융이용자 보호에 관한 법률 시행령 일부를 다음과 같이 개정한다.

제2조의12에 제5호의2를 다음과 같이 신설한다.

5의2. 「금융소비자 보호에 관한 법률」

⑩부터 ㉒까지 생략

부칙 〈제31613호, 2021. 4. 6.〉

제1조(시행일) 이 영은 공포 후 3개월이 경과한 날부터 시행한다.

제2조(이자율 및 연체이자율의 제한에 관한 적용례) 제5조 및 제9조의 개정규정은 이 영 시행 이후 대부계약을 체결·갱신 또는 연장하는 분부터 적용한다.

부칙 〈제31946호, 2021. 8. 17.〉

제1조(시행일) 이 영은 공포한 날부터 시행한다.

제2조(중개수수료의 상한에 관한 경과조치) 이 영 시행 전에 체결한 대부계약의 중개수수료의 상한에 관하여는 제6조의8제2항의 개정규정에도 불구하고 종전의 규정에 따른다.

부칙 〈제32274호, 2021. 12. 28.〉 (독점규제 및 공정거래에 관한 법률 시행령)

제1조(시행일) 이 영은 2021년 12월 30일부터 시행한다.

제2조 부터 제12조까지 생략

제13조(다른 법령의 개정) ①부터 ㉘까지 생략

㉙ 대부업 등의 등록 및 금융이용자 보호에 관한 법률 시행령 일부를 다음과 같이 개정한다.

제2조의3제1항제2호나목 중 “「독점규제 및 공정거래에 관한 법률」 제2조제3호”를 “「독점규제 및 공정거래에 관한 법률」 제2조제12호”로 한다.

제2조의11제3항제3호 본문 중 “「독점규제 및 공정거래에 관한 법률 시행령」 제3조의2제1항제2호가목”을 “「독점규제 및 공정거래에 관한 법률 시행령」 제5조제1항제2호가목”으로 한다.

㉚부터 〈68〉까지 생략

제14조 생략

부칙 〈제32449호, 2022. 2. 17.〉 (한국자산관리공사 설립 등에 관한 법률 시행령)

제1조(시행일) 이 영은 2022년 2월 18일부터 시행한다.

제2조(다른 법령의 개정) ①부터 ㉓까지 생략

㉔ 대부업 등의 등록 및 금융이용자 보호에 관한 법률 시행령 일부를 다음과 같이 개정한다.

제2조의12제4호를 다음과 같이 한다.

4. 「한국자산관리공사 설립 등에 관한 법률」

제6조의4제4호 중 “「금융회사부실자산 등의 효율적 처리 및 한국자산관리공사의 설립에 관한 법률」”을 “「한국자산관리공사 설립 등에 관한 법률」”로 한다.

㉕부터 〈55〉까지 생략

제3조 생략

부칙 〈제32881호, 2022. 8. 23.〉 (벤처투자 촉진에 관한 법률 시행령)

제1조(시행일) 이 영은 공포한 날부터 시행한다.

제2조 및 제3조 생략

제4조(다른 법령의 개정) ①부터 ⑥까지 생략

⑦ 대부업 등의 등록 및 금융이용자 보호에 관한 법률 시행령 일부를 다음과 같이 개정한다.

제2조의2제17호를 다음과 같이 한다.

17. 「벤처투자 촉진에 관한 법률」

제2조의12제13호를 다음과 같이 하고, 같은 조 제40호를 삭제한다.

13. 「벤처투자 촉진에 관한 법률」

⑧부터 ⑫까지 생략

부칙 〈제33541호, 2023. 6. 13.〉

이 영은 공포한 날부터 시행한다.

부칙 〈제33899호, 2023. 12. 5.〉 (소재·부품·장비산업 경쟁력 강화 및 공급망 안정화를 위한 특별조치법 시행령)

제1조(시행일) 이 영은 2023년 12월 14일부터 시행한다.

제2조(다른 법령의 개정) ①부터 ⑤까지 생략

⑥ 대부업 등의 등록 및 금융이용자 보호에 관한 법률 시행령 일부를 다음과 같이 개정한다.

제2조의12제22호 중 "「소재·부품·장비산업 경쟁력강화를 위한

특별조치법」”을 “「소재·부품·장비산업 경쟁력 강화 및 공급망 안정화를 위한 특별조치법」”으로 한다.

⑦부터 ⑭까지 생략

부칙 〈제33913호, 2023. 12. 12.〉 (행정법제 혁신을 위한 가덕도신공항 건설을 위한 특별법 시행령 등 123개 법령의 일부개정에 관한 대통령령)

이 영은 공포한 날부터 시행한다.

부칙 〈제34123호, 2024. 1. 9.〉

이 영은 공포한 날부터 시행한다.

부칙 〈제34785호, 2024. 7. 30.〉 (국민 행정부담 완화 및 불편 해소를 위한 17개 법령의 일부개정에 관한 대통령령)

제1조(시행일) 이 영은 공포한 날부터 시행한다.

제2조 생략

부칙 〈제35659호, 2025. 7. 21.〉

제1조(시행일) 이 영은 2025년 7월 22일부터 시행한다.

제2조(대부계약 전부가 무효가 되는 대부이자율에 관한 적용례) ① 제5조의2의 개정규정은 이 영 시행 이후 체결되거나 갱신되는 대부계약부터 적용한다.

② 제1항에도 불구하고 이 영 시행 전에 체결한 대부계약으로서

이 영 시행 이후 별도의 갱신 절차 없이 종전과 동일한 계약 내용으로 만기가 자동 연장된 대부계약에 대해서는 제5조의2의 개정규정을 적용하지 않는다.

별표 / 서식

[별표 1] 대부업자 등의 광고 표시기준(제6조의2제3호 관련)

[별표 2] 영업정지 및 등록취소 기준(제7조의4 관련)

[별표 2의2] 과징금의 부과기준(제8조의2 관련)

[별표 3] 과태료의 부과기준(제12조 관련)

[별지 제1호서식] 불법 대부행위 등에 사용된 전화번호 신고서

[별지 제2호서식] 불법사금융업자 등의 법 위반 사실 신고서

대한민국 법령 시리즈 52

대부업 등의 등록 및 금융 이용자 보호에 관한 법률

(약칭 : 대부업법)

법 령 / 시 행 령

2025년 7월 29일 인쇄 정가 18,000원
2025년 8월 9일 발행

편 저 편집부
디 자 인 송영미
발 행 인 조준형
발 행 처 해광출판사
http://www.hgbookpub.com
E-mail : munbookcokr@naver.com
주 소 부산광역시 중구 해관로 41-1 (중앙동2가)
전화번호 (051) 253-0001 팩스 (051) 245-1187
등 록 제 2012-000005호

ISBN 979-11-6881-860-6

※ 법령 출처 : 법제처 국가법령정보센터
※ 본 도서는 〈공공데이터 제공 및 이용 활성화에 관한 법률〉을 근거로 출판되었습니다.

해광출판사 대한민국 법령 시리즈

001. 선원법
002. 어선법
003. 선박직원법
004. 해사안전기본법
005. 해양환경관리법
006. 선박의 입항 및 출항등에 관한 법률
007. 학교안전사고예방 및 보상에 관한 법률
008. 종합부동산세법
009. 방위사업법
010. 행정규제기본법
011. 식품산업진흥법
012. 위험물안전관리법
013. 화재의 예방 및 안전관리에 관한 법률
014. 도시가스사업법
015. 실내공기질관리법
016. 지방세법
017. 소득세법
018. 법인세법
019. 도선법
020. 선박안전법
021. 선박법
022. 수산업법
023. 고압가스안전관리법
024. 국민연금법
025. 공동주택관리법
026. 화학물질관리법
027. 어선원 및 어선 재해보상보험법
028. 장기등 이식에 관한 법률
029. 자연재해대책법
030. 공유재산 및 물품 관리법
031. 산업입지 및 개발에 관한 법률
032. 부정경쟁방지 및 영업비밀보호에 관한 법률
033. 금융지주회사법
034. 온실가스 배출권의 할당 및 거래에 관한 법률
035. 건축사법
036. 산림문화휴양에 관한 법률
037. 전기사업법
038. 사립학교법
039. 고등교육법
040. 액화석유가스의 안전관리 및 사업법
041. 선박투자회사법
042. 수산자원관리법
043. 위험물선박운송및저장규칙
044. 선박평형수관리법
045. 주택임대차보호법
046. 상가건물임대차보호법
047. 지방공기업법
048. 승강기안전관리법
049. 수목원·정원의 조성 및 진흥에 관한 법률
050. 민법
051. 치료감호 등에 관한 법률
052. 대부업 등의 등록 및 금융이용자 보호에 관한 법률
053. 사료관리법
054. 무형문화재 보전 및 진흥에 관한 법률
055. 총포·도검·화약류 등의 안전관리에 관한 법률
056. 경찰관직무집행법
057. 시설물의 안전 및 유지관리에 관한 특별법
058. 수산생물질병 관리법
059. 소비자기본법
060. 국제선박등록법
061. 정보통신망 이용촉진 및 정보보호 등에 관한 법률
062. 해운법
063. 농수산물 품질관리법
064. 수산업협동조합법
065. 해외건설촉진법
066. 수상레저안전법
067. 공무원재해보상법
068. 수상에서의 수색·구조 등에 관한 법률
069. 어촌어항법
070. 항만법
071. 항만운송사업법
072. 해양경비법
073. 해양사고의 조사 및 심판에 관한 법률
074. 외국인근로자의 고용 등에 관한 법률
075. 중소기업기본법
076. 자유무역지역의 지정 및 운영에 관한 법률
077. 대기환경보전법
078. 소음진동관리법
079. 폐기물관리법
080. 하수도법
081. 물환경보전법
082. 토양환경보전법
083. 환경정책기본법
084. 산업재해보상보험법
085. 관세법
086. 노동조합 및 노동관계조정법
087. 근로기준법
088. 군인연금법
089. 먹는물관리법
090. 기술보증기금법
091. 관광진흥법
092. 감염병의 예방 및 관리에 관한 법률
093. 사법경찰관리의 직무를 수행할 자와 그 직무범위에 관한 법률
094. 수의사법
095. 가정폭력방지 및 피해자보호 등에 관한 법률
096. 환경영향평가법
097. 체육시설의 설치 · 이용에 관한 법률
098. 장사 등에 관한 법률
099. 상호저축은행법
100. 은행법
101. 보호관찰 등에 관한 법률
102. 형법
103. 자동차관리법
104. 형사소송법
105. 전자금융거래법
106. 마약류 불법거래 방지에 관한 특례법
107. 도로법
108. 주세법
109. 변리사법
110. 하천법
111. 중소기업진흥에 관한 법률
112. 발달장애인 권리보장 및 지원에 관한 법률
113. 주택법
114. 장애인복지법
115. 농어업경영체 육성 및 지원에 관한 법률
116. 공인중개사법
117. 건강기능식품에 관한 법률
118. 예비군법
119. 개발제한구역의 지정 및 관리에 관한 특별조치법
120. 국유재산법
121. 주차장법
122. 환경기술 및 환경산업 지원법
123. 대기관리권역의 대기환경개선에 관한 특별법
124. 악취방지법
125. 미세먼지 저감 및 관리에 관한 특별법
126. 가축분뇨의 관리 및 이용에 관한 법률
127. 물의 재이용 촉진 및 지원에 관한 법률
128. 물관리기본법
129. 물관리기술 발전 및 물산업 진흥에 관한 법률
130. 자원의 절약과 재활용촉진에 관한 법률
131. 전기 · 전자제품 및 자동차의 자원순환에 관한 법률
132. 건설폐기물의 재활용촉진에 관한 법률
133. 수도권매립지관리공사의 설립 및 운영 등에 관한 법률
134. 폐기물의 국가 간 이동 및 그 처리에 관한 법률
135. 폐기물처리시설 설치촉진 및 주변지역지원 등에 관한 법률
136. 자원순환기본법
137. 잔류성오염물질 관리법
138. 환경분쟁 조정법

해광출판사 대한민국 법령 시리즈

139. 화학물질의 등록 및 평가 등에 관한 법률
140. 환경오염시설의 통합관리에 관한 법률
141. 환경오염피해 배상책임 및 구제에 관한 법률
142. 중소기업제품 구매촉진 및 판로지원에 관한 법률
143. 환경개선비용 부담법
144. 환경분야 시험·검사 등에 관한 법률
145. 환경친화적 산업구조로의 전환촉진에 관한 법률
146. 환경친화적 자동차의 개발 및 보급 촉진에 관한 법률
147. 환경범죄 등의 단속 및 가중처벌에 관한 법률
148. 생명윤리 및 안전에 관한 법률
149. 장애인차별금지 및 권리구제 등에 관한 법률
150. 부동산투자회사법
151. 정치자금법
152. 과학기술기본법
153. 대리점거래의 공정화에 관한 법률
154. 상속세 및 증여세법
155. 학원의 설립 · 운영 및 과외교습에 관한 법률
156. 해양심층수의 개발 및 관리에 관한 법률
157. 전기용품 및 생활용품 안전관리법
158. 사회기반시설에 대한 민간투자법
159. 공직선거법
160. 정당법
161. 유류오염손해배상 보장법
162. 부정청탁 및 금품등 수수의 금지에 관한 법률
163. 항로표지법
164. 어장관리법
165. 민방위기본법
166. 공직자윤리법
167. 선거관리위원회법
168. 유선 및 도선 사업법
169. 전기공사업법
170. 사회복지사업법
171. 택지개발촉진법
172. 국가공무원법
173. 민간임대주택에 관한 특별법
174. 어음법·수표법
175. 민사집행법
176. 상법
177. 문화예술진흥법
178. 중소기업협동조합법
179. 농업협동조합법
180. 도로교통법
181. 의료사고 피해구제 및 의료분쟁 조정 등에 관한 법률
182. 산림보호법
183. 소년법
184. 동물보호법
185. 건축물관리법
186. 도시개발법
187. 화물자동차 운수사업법
188. 도시 및 주거환경정비법
189. 의료법
190. 국회법
191. 응급의료에 관한 법률
192. 출입국관리법
193. 노인복지법
194. 산림자원의 조성 및 관리에 관한 법률
195. 청소년 보호법
196. 초 · 중등교육법
197. 혁신도시 조성 및 발전에 관한 특별법
198. 경제자유구역의 지정 및 운영에 관한 특별법
199. 공공기관의 운영에 관한 법률
200. 대한민국헌법
201. 국민기초생활 보장법
202. 저작권법
203. 가사소송법
204. 국가유공자 등 예우 및 지원에 관한 법률
205. 국민체육진흥법
206. 전통주 등의 산업진흥에 관한 법률
207. 재난 및 안전관리 기본법
208. 정보통신공사업법
209. 주식회사 등의 외부감사에 관한 법률
210. 공익사업을 위한 토지 등의 취득 및 보상에 관한 법률
211. 개인정보 보호법
212. 국세기본법
213. 에너지이용 합리화법
214. 감정평가 및 감정평가사에 관한 법률
215. 국가인권위원회법
216. 가맹사업거래의 공정화에 관한 법률
217. 보건의료기본법
218. 산업안전보건법
219. 법무사법
220. 교육공무원법
221. 특허법
222. 민사소송법
223. 아동복지법
224. 전파법
225. 하도급거래 공정화에 관한 법률
226. 기초연금법
227. 사립학교교직원 연금법
228. 직업안정법
229. 장애아동 복지지원법
230. 부동산등기법
231. 자동차손해배상 보장법
232. 철도안전법
233. 항공안전법
234. 전자상거래 등에서의 소비자보호에 관한 법률
235. 독점규제 및 공정거래에 관한 법률
236. 상표법
237. 채무자 회생 및 파산에 관한 법률
238. 공무원연금법
239. 축산법
240. 근로복지기본법
241. 민원 처리에 관한 법률
242. 약사법
243. 방문판매 등에 관한 법률
244. 건축기본법
245. 지방세기본법
246. 지방세징수법
247. 지방자치법
248. 도시교통정비 촉진법
249. 공공주택 특별법
250. 국세징수법
251. 공인노무사법
252. 중대재해 처벌 등에 관한 법률
253. 외무공무원법
254. 소방시설공사업법
255. 검역법
256. 공중위생관리법
257. 할부거래에 관한 법률
258. 인터넷 멀티미디어 방송사업법
259. 전기통신사업법
260. 제품안전기본법
261. 철도사업법
262. 어린이제품 안전 특별법
263. 영유아보육법
264. 원자력안전법
265. 보험업법
266. 경비업법
267. 교통안전법
268. 세무사법
269. 관세사법
270. 공인회계사법
271. 지방공무원법
272. 고용정책 기본법
273. 국가경찰과 자치경찰의 조직 및 운영에 관한 법률
274. 협동조합 기본법
275. 재해구호법
276. 환경보건법

해광출판사 대한민국 법령 시리즈

277. 자살예방 및 생명존중문화 조성을 위한 법률
278. 소방산업의 진흥에 관한 법률
279. 소방기본법
280. 비송사건절차법
281. 자연환경보전법
282. 변호사법
283. 기업구조조정투자회사법
284. 전기통신기본법
285. 에너지법
286. 해양생태계의 보전 및 관리에 관한 법률
287. 사회보장기본법
288. 통신비밀보호법
289. 공증인법
290. 물류시설의 개발 및 운영에 관한 법률
291. 청소년활동 진흥법
292. 형의 집행 및 수용자의 처우에 관한 법률
293. 도시공원 및 녹지 등에 관한 법률
294. 태권도 진흥 및 태권도공원 조성 등에 관한 법률
295. 녹색건축물 조성 지원법
296. 우편법
297. 예금자보호법
298. 건설산업기본법
299. 금융회사의 지배구조에 관한 법률
300. 장애인활동 지원에 관한 법률
301. 언론중재 및 피해구제 등에 관한 법률
302. 국가재정법
303. 농지법
304. 게임산업진흥에 관한 법률
305. 정신건강증진 및 정신질환자 복지서비스 지원에 관한 법률
306. 디자인보호법
307. 의료기사 등에 관한 법률
308. 스마트도시 조성 및 산업진흥 등에 관한 법률
309. 내수면어업법
310. 한국주택금융공사법
311. 의료기기법
312. 유통산업발전법
313. 전통시장 및 상점가 육성을 위한 특별법
314. 여신전문금융업법
315. 해외자원개발 사업법
316. 산업교육진흥 및 산학연협력촉진에 관한 법률
317. 빈집 및 소규모주택 정비에 관한 특례법
318. 기업도시개발 특별법
319. 전력기술관리법
320. 국토기본법
321. 지하수법
322. 식품위생법
323. 광업법
324. 호스피스·완화의료 및 임종과정에 있는 환자의 연명의료결정에 관한 법률
325. 주식·사채 등의 전자등록에 관한 법률
326. 표시·광고의 공정화에 관한 법률
327. 골재채취법
328. 국민건강증진법
329. 새마을금고법
330. 여객자동차 운수사업법
331. 마리나항만의 조성 및 관리 등에 관한 법률
332. 한부모가족지원법
333. 국가를 당사자로 하는 계약에 관한 법률
334. 지방자치단체를 당사자로 하는 계약에 관한 법률
335. 축산물 위생관리법
336. 병역법
337. 음악산업진흥에 관한 법률
338. 국가균형발전 특별법
339. 첨단재생의료 및 첨단바이오의약품 안전 및 지원에 관한 법률
340. 공간정보의 구축 및 관리 등에 관한 법률
341. 공유수면 관리 및 매립에 관한 법률
342. 농수산물 유통 및 가격안정에 관한 법률
343. 아시아문화중심도시 조성에 관한 특별법
344. 신탁법
345. 자연공원법
346. 생활화학제품 및 살생물제의 안전관리에 관한 법률
347. 군인사법
348. 국제조세조정에 관한 법률
349. 낙동강수계 물관리 및 주민지원 등에 관한 법률
350. 주민등록법
351. 집합건물의 소유 및 관리에 관한 법률
352. 집단에너지사업법
353. 산림조합법
354. 반도체집적회로의 배치설계에 관한 법률
355. 자본시장과 금융투자업에 관한 법률
356. 담보부사채신탁법
357. 근로자퇴직급여 보장법
358. 국제과학비즈니스벨트 조성 및 지원에 관한 특별법
359. 수도법
360. 식품 등의 표시·광고에 관한 법률
361. 약관의 규제에 관한 법률
362. 인삼산업법
363. 종자산업법
364. 항공사업법
365. 건설기계관리법
366. 군형법
367. 궤도운송법
368. 기술의 이전 및 사업화 촉진에 관한 법률
369. 농수산물의 원산지 표시 등에 관한 법률
370. 담배사업법
371. 석유 및 석유대체연료 사업법
372. 가축전염병 예방법
373. 농어촌정비법
374. 식물신품종 보호법
375. 항공보안법
376. 중소기업창업 지원법
377. 군사법원법
378. 우주개발 진흥법
379. 해저광물자원 개발법
380. 산림복지 진흥에 관한 법률
381. 지능형 로봇 개발 및 보급 촉진법
382. 헌법재판소법
383. 옥외광고물 등의 관리와 옥외광고산업 진흥에 관한 법률
384. 혈액관리법
385. 국제항해선박 등에 대한 해적행위 피해예방에 관한 법률
386. 유료도로법
387. 독립유공자예우에 관한 법률
388. 신에너지 및 재생에너지 개발·이용·보급 촉진법
389. 신용정보의 이용 및 보호에 관한 법률
390. 출판문화산업 진흥법
391. 공항시설법
392. 국민 평생 직업능력 개발법
393. 아동·청소년의 성보호에 관한 법률
394. 방송법쉬
395. 신용보증기금법
396. 화장품법
397. 청소년 기본법
398. 인터넷주소자원에 관한 법률
399. 양곡관리법
400. 도로명주소법
401. 전자문서 및 전자거래 기본법
402. 산업기술의 유출방지 및 보호에 관한 법률
403. 국가기술자격법
404. 양식산업발전법
405. 산업기술혁신 촉진법
406. 새만금사업 추진 및 지원에 관한 특별법
407. 전자정부법
408. 지역 개발 및 지원에 관한 법률
409. 한국농어촌공사 및 농지관리기금법
410. 계량에 관한 법률
411. 기업활동 규제완화에 관한 특별조치법
412. 군에서의 형의 집행 및 군수용자의 처우에 관한 법률

해광출판사 대한민국 법령 시리즈

413. 규제자유특구 및 지역특화발전특구에 관한 규제특례법
414. 금융위원회의 설치 등에 관한 법률
415. 남녀고용평등과 일·가정 양립 지원에 관한 법률
416. 농어업인 삶의 질 향상 및 농어촌지역 개발촉진에 관한 특별법
417. 댐건설·관리 및 주변지역지원 등에 관한 법률
418. 국가유산수리 등에 관한 법률
419. 법원조직법
420. 보훈보상대상자 지원에 관한 법률
421. 부패방지 및 국민권익위원회의 설치와 운영에 관한 법률
422. 과학기술분야 정부출연연구기관 등의 설립·운영 및 육성에 관한 법률
423. 연구개발특구의 육성에 관한 특별법
424. 친환경농어업 육성 및 유기식품 등의 관리·지원에 관한 법률
425. 연안관리법
426. 영화 및 비디오물의 진흥에 관한 법률
427. 신용협동조합법
428. 방송통신발전 기본법
429. 범죄피해자 보호법
430. 가축 및 축산물 이력관리에 관한 법률
431. 국가표준기본법
432. 국가통합교통체계효율화법
433. 범죄인 인도법
434. 국가과학기술 경쟁력 강화를 위한 이공계지원 특별법
435. 국제경기대회 지원법
436. 금융혁신지원 특별법
437. 수자원의 조사·계획 및 관리에 관한 법률
438. 축산자조금의 조성 및 운용에 관한 법률
439. 소방시설 설치 및 관리에 관한 법률
440. 양성평등기본법
441. 축산계열화사업에 관한 법률
442. 수입식품안전관리 특별법
443. 대외무역법
444. 국가연구개발사업 등의 성과평가 및 성과관리에 관한 법률
445. 무역보험법
446. 기술사법
447. 광산안전법
448. 농약관리법
449. 농업·농촌 및 식품산업 기본법
450. 문화산업진흥 기본법
451. 부담금관리 기본법
452. 야생생물 보호 및 관리에 관한 법률
453. 한국은행법
454. 별정우체국법
455. 원양산업발전법
456. 콘텐츠산업 진흥법
457. 한국수출입은행법
458. 외국인투자 촉진법
459. 물류정책기본법
460. 전자서명법
461. 산업발전법
462. 산업표준화법
463. 소프트웨어 진흥법
464. 토지이용규제 기본법
465. 해수욕장의 이용 및 관리에 관한 법률
466. 정보통신 진흥 및 융합 활성화 등에 관한 특별법
467. 정보통신산업 진흥법
468. 지진·화산재해대책법
469. 소금산업진흥법
470. 위치정보의 보호 및 이용 등에 관한 법률
471. 외국법자문사법
472. 이러닝(전자학습)산업 발전 및 이러닝 활용 촉진에 관한 법률
473. 암관리법
474. 실용신안법
475. 가족관계의 등록 등에 관한 법률
476. 무인도서의 보전 및 관리에 관한 법률
477. 감사원법
478. 정보보호산업의 진흥에 관한 법률
479. 결혼중개업의 관리에 관한 법률
480. 공익신고자 보호법
481. 박물관 및 미술관 진흥법
482. 낚시 관리 및 육성법
483. 동산·채권 등의 담보에 관한 법률
484. 임금채권보장법
485. 국민투표법
486. 농림수산업자 신용보증법
487. 국가채권 관리법
488. 중소기업은행법
489. 식품안전기본법
490. 외국환거래법
491. 발명진흥법
492. 건설기술 진흥법
493. 기후위기 대응을 위한 탄소중립·녹색성장 기본법
494. 인체조직안전 및 관리 등에 관한 법률
495. 엔지니어링산업 진흥법
496. 신문 등의 진흥에 관한 법률
497. 식물방역법
498. 석탄산업법
499. 산업융합 촉진법
500. 비료관리법
501. 임업 및 산촌 진흥촉진에 관한 법률
502. 복권 및 복권기금법
503. 대규모유통업에서의 거래 공정화에 관한 법률
504. 뉴스통신 진흥에 관한 법률
505. 지능정보화 기본법
506. 자격기본법
507. 중소기업 기술혁신 촉진법
508. 국가공간정보 기본법
509. 농어업재해대책법
510. 방송광고판매대행 등에 관한 법률
511. 지식재산 기본법
512. 초고층 및 지하연계 복합건축물 재난관리에 관한 특별법
513. 해양 조사와 해양정보 활용에 관한 법률
514. 공간정보산업 진흥법
515. 공공기관의 정보공개에 관한 법률
516. 행정기본법
517. 해상교통안전법
518. 농어업재해보험법
519. 문화유산의 보존 및 활용에 관한 법률
520. 자연유산의 보존 및 활용에 관한 법률
521. 국토의 계획 및 이용에 관한 법률
522. 건축법
523. 국민건강보험법
524. 계엄법
525. 환경친화적 선박의 개발 및 보급 촉진에 관한 법률
526. 해양폐기물 및 해양오염퇴적물 관리법
527. 연안사고 예방에 관한 법률
528. 전기안전관리법
529. 의약품 등의 안전에 관한 규칙
530. 공공보건의료에 관한 법률
531. 군보건의료에 관한 법률
532. 농어촌 등 보건의료를 위한 특별조치법
533. 보호소년 등의 처우에 관한 법률
534. 국가를 당사자로 하는 소송에 관한 법률
535. 간호법
536. 국립묘지의 설치 및 운영에 관한 법률
537. 주류 면허 등에 관한 법률
538. 부가가치세법

*** 해광출판사의 법령 시리즈는 계속 발행 됩니다.**
**** 각 도서의 개정판은 인쇄일을 기준으로 제작 되었습니다.**